PARA QUE TUS HIJOS
COMAN BIEN

José Luis Romero

PARA QUE TUS HIJOS COMAN BIEN

Contra los errores de la alimentación infantil

EDITORIAL JUVENTUD, S. A.

PROVENÇA, 101 - BARCELONA

© José Luis Romero
© EDITORIAL JUVENTUD, S.A.
   Provença, 101 - 08029 Barcelona
   E-mail: editorialjuventud@retemail.es
   www.editorialjuventud.es
Primera edición, 2001
Segunda edición, 2005
Director de la colección: Manuel Manzano
Ilustraciones: La Maquineta
ISBN 84-261-3210-3
Depósito legal: B: 48.175-2005
Núm. de edición de E. J.: 10.648
Impreso en España - Printed in Spain
Limpergraf, c/. Mogoda, 29-31 - Barberà del Vallès

ÍNDICE

INTRODUCCIÓN:
EL NIÑO NO ME COME NADA

La fiebre, la tos y la falta de apetito son, por este orden, los trastornos infantiles que más consultas motivan. Pero la frase más oída por los pediatras no es «el niño tiene fiebre», sino «el niño no come», pues, sea cual sea su principal problema, muy a menudo, «además, no come nada».

En efecto, lo que debiera ser una tarea muy gratificante y sencilla, en demasiadas ocasiones se convierte en una desesperante batalla diaria que implica y afecta a toda la familia, a veces de forma dramática, y muy especialmente a las madres. Su responsabilidad (más o menos compartida por el padre), y la identificación con el hijo, las hace sentirse a la vez culpables y víctimas de cualquiera de sus problemas, y por eso no cometen un error gramatical cuando dicen «*me* ha cogido un resfriado», preguntan «cuánto *me* pesa» o, en el caso que nos ocupa, aseguran que «no *me* come nada», pues al intercalar ese «me», expresan perfectamente su implicación afectiva con una persona a la que consideran parte de sí mismas. Literalmente, parecen lamentarse de no ser devoradas por los hijos (como ocurre en cierta forma durante el embarazo y la lactancia) y, aunque sin llegar a tales extremos, es verdad que muchas se consumen tratando de alimentarles. En todo caso, en ese pronombre resumen sus propios sentimientos ante el problema, a la vez que lo hacen suyo. «No me come» significa «me preocupa lo poco que come», inquietud absolutamente lógica, pero que se convierte en una ansiedad desproporcionada cuando el instinto se impone a la razón y la falta de apetito del hijo se vive como la máxima amenaza para su salud. «No me come» también quiere decir «me duele que no coma», «me siento culpable de lo que le pueda ocurrir por comer tan mal», «no me gusta que esté tan delgado», «no me da la satisfacción de verle comer bien», «no me deja cumplir con mi principal tarea», «no me permite ser una buena madre»... Es decir, todo lo contrario de lo que lleva a proclamar con orgullo «me come estupendamente» o «me saca muy buenas notas».

Aunque no todos los casos sean tan extremos, vale la pena detenerse aún en la segunda parte con que bastantes veces se remata la típica frase. Porque, el niño, no come «nada, pero es que nada de nada». Y por si el pediatra puede poner en duda que un crío con ese aspecto lleve dos semanas viviendo del aire, añaden: «De verdad: nada, lo que se dice nada».

Evidentemente, pronto acaban por aceptar que el «nada» es «muy poco» o «menos» de lo necesario, comportándose como el pescador que abre los brazos para describir las dimensiones de la pieza que tuvo la fortuna de capturar, y sólo cuando insistimos en que una trucha jamás puede medir metro y medio, va cerrándolos poco a poco y a regañadientes. Pero es que la distancia entre sus manos no se refiere al tamaño del pez, sino a la alegría e ilusión que le produjo capturarlo, exactamente igual que las madres no exageran la falta de apetito del niño, porque en realidad están expresando la ansiedad y frustración que les causa.

Desde luego, no se trata de un problema ficticio creado por la imaginación de las madres ni, en cualquier caso, sería de su exclusiva incumbencia, pues cuanto más se implica el padre en él, más puede participar también de esos mismos sentimientos. Y conviene anticipar unas clásicas y a veces superfluas disculpas que aquí resultan ya imprescindibles. En esta función, el único actor que nunca falta es el niño y la primera actriz suele ser la madre, pero también son importantes el padre, a pesar de no hallarse siempre presente en los momentos cumbre, y las abuelas, cuya voz se oye tras el escenario, donde se hallan ocultas esperando su ocasión. Sin embargo, el reparto de papeles y el guión que interpreta cada personaje en la realidad puede ser otro, y aunque este libro se dirige a «los padres», aludiendo indistintamente a cualquiera de los dos o a ambos, se ha debido optar por el femenino cuando resultaba muy forzado el plural genérico, y en los diálogos que pretenden amenizar el texto (en su mayoría auténticos), es una madre (además, siempre equivocada), la que conversa con el pediatra. Ciertamente, ésa es la situación más habitual, pero, aun así, disculpas por la licencia, y también por si el niño es niña, por si la abuela es una de esas valiosas joyas que sólo influyen positivamente, por si el abuelo no se da por satisfecho con salir prácticamente indemne de la quema, por explicaciones innecesarias y reiteradas, y por cualquier otra incorrección que también se sabrá perdonar si con la ayuda de este libro se acaba el drama.

Y usted lo va a lograr. Pero no a partir de recetas de cocina ni de trucos para enmascarar el sabor de los alimentos, sino analizando con todo detalle los mecanismos que lo causan, y actuando en consecuencia. No lea este libro buscando apresuradamente la solución. Hágalo sin prisas, reflexionando detenidamente en el contenido de cada página antes de pasar a la siguiente. Quizá ya en las primeras se encuentre con alguna sorpresa que cambie radicalmente el panorama, pero, aun así, léalo en su totalidad, porque si su hijo lleva tiempo comiendo mal, es prácticamente seguro que deberá rectificar más de una cosa. Tampoco se salte ningún apartado por el hecho de que su título sugiera algo que no le afecta, como el dedicado a las abuelas, si no disfruta de su ayuda, o el «Resumen estratégico para casos desesperados», por no ser el suyo tan duro. Todos contienen información útil o insisten en ideas que conviene tener muy claras, incluso aunque su problema sea de los que se abordan en el capítulo dedicado a situaciones particulares, como la del niño que rechaza la leche o tiene muchas manías. Y también las páginas dedicadas a la prevención pueden interesarle, pues la comida del niño va a dejar de ser una tortura, y es posible que eso les anime a ir a por otro.

Pero ahora, probablemente se pregunte si lo que está leyendo es *Alicia en el país de las maravillas* o si puede un libro solucionar de verdad un conflicto casi tan antiguo como la humanidad. Y ni una cosa ni la otra. El remedio que se propone es realmente eficaz, pero sólo funciona si se siguen cuidadosamente las instrucciones de uso, y el sabor de algunas píldoras resulta desagradable. Tampoco hay nada nuevo ni revolucionario en este «tratamiento», o mejor dicho, nada más nuevo que el sentido común, y nada más revolucionario que reivindicar su valor. Ni más «truco» que comprender el problema y actuar con convicción, y no es un libro sino usted quien va a conseguirlo.

Una advertencia final, también imprescindible: la máxima aspiración de una obra de divulgación sanitaria es merecer la confianza de los profesionales hasta el punto de ser «recetada» por ellos, pero aun suponiendo que éste fuera su caso, es el pediatra quien debe supervisar todo lo relativo a la salud de su hijo, incluyendo su alimentación y estado nutritivo, así como la propuesta que aquí se hace para acabar con el problema de la comida. Porque con su ayuda y con la de este libro, no lo dude, lo va a lograr.

BREVES REFLEXIONES INICIALES. A MODO DE APERITIVO

Los buenos aperitivos no pretenden saciar, sino estimular el apetito. Por eso conviene que sean un poco salados y hasta algo amargos.

- En medio mundo preocupa la obesidad; en el otro medio la falta de alimentos. En el primero, muchos niños no quieren comer; en el segundo, no pueden.
- Los cachorros de los animales salvajes no suelen disponer de una despensa repleta de alimentos, y siempre están dispuestos a comer. Cuando a los de compañía les sobra el pienso, empiezan con caprichos, pero sólo a los humanos se les intenta obligar a comer por la fuerza.
- A pesar de la única función diaria y el descanso semanal, los actores se agotan física y mentalmente cuando una obra lleva ya mucho tiempo en escena. En numerosos hogares, el drama de la comida se repite tres veces al día de forma ininterrumpida, pero es que, además, nadie cobra (o si acaso, el niño), no se oyen aplausos sino abucheos, y no hay quien quiera ni pueda sustituir a los protagonistas. Entonces, ¿por qué se mantiene en cartel?
- Más que en drama, la comida de los niños se transforma demasiado a menudo en melodrama: nunca falta la música, una sonata de llantos y gritos para dos o tres voces (al menos), que apenas permite oír el estruendo de bombas característico de los telediarios o la ya insufrible banda sonora del vídeo de dibujos

que el crío había exigido como condición previa para empezar las negociaciones.

- La batalla que enfrenta a padres e hijos a la hora de la comida es, entre otras cosas, una lucha de instintos. Sólo una de las partes dispone además de sentido común. Y dos no riñen si uno no quiere.

- El instinto ciega hasta el punto de negar el de los hijos a los que pretende proteger, que nacen sabiendo decir basta.

- Es tan terrible ver a un hijo padeciendo hambre, como absurdo tener que insistirle para que satisfaga lo que es una necesidad: absurdo, es decir, contrario a la razón, pero no incomprensible ni, por tanto, irremediable.

- Cuando el niño se niega a comer, los padres suelen comprobar el sabor del alimento rechazado, y luego se aseguran de que no sea el pequeño el que está malo. A partir de ahí, empiezan las hostilidades, olvidando preguntarse también si el problema no estará en ellos mismos.

- Los padres de un niño caprichoso o que no quiere masticar asienten al escuchar que, si tuviera hambre, se comería las piedras. Y, lamentablemente, no es una exageración decir que algunos llegan a buscar bajo ellas algo que llevarse a la boca.

- Definición actual de dieta de adelgazamiento: «Forma agradable y placentera de ingerir los nutrientes energéticos y plásticos que necesita el organismo, todo ello a pesar de la restricción energética». Y lo que no debe ser: «Cara, monótona, desequilibrada, un suplicio, una obligación, un trámite, la culpable de nuestras desdichas».[1] Si esto es lo que se le pide a una dieta, ¿cómo se explica que la alimentación normal de los niños no siempre cumpla esos requisitos?

- «El ideal estético nos puede llevar a la ruina: a la material, a la física y a la psicológica».[1] Aplicable al interés desmedido por

1. X. Remesar. Facultad de Biología. Universidad de Barcelona.

mantener la línea, pero también al empeño por hacer de los hijos lo que no son.

- Es mucho más lógico que Esaú cambiara su herencia por un plato de lentejas que pretender comprar a los hijos para que se lo coman.
- Se dice que los burros sólo aprenden a base de palo y zanahoria. Los niños no tienen sus espaldas ni su dentadura, pero en cualquier caso, es una aberración usar el palo para que acepten la zanahoria.
- Mientras medio mundo pide algo para comer, en el otro se haría millonario quien descubriera algo para abrir el apetito.
- Nadie dudaría en abandonar una estrategia que ha fracasado sistemáticamente y, sin embargo, generación tras generación, los padres se estrellan intentando hacer comer a sus hijos con las mismas tácticas que tampoco sirvieron para nada bueno con ellos.
- Criar significa alimentar, pero también educar. No es raro que sus problemas vayan parejos.
- Cuando el niño sólo ve en su padre un proveedor y en su madre una cocinera, el problema no es el reparto de papeles.
- Al revés de lo que ocurre con la mayoría de las enfermedades de la infancia, los problemas con la comida se prolongan a menudo de forma indefinida, porque no suelen solucionarse con unas pocas instrucciones acompañadas o no de una receta. Por eso mismo, no es muy recomendable esperar a que el pediatra inicie la despedida para desengañarle: «además, no come nada».
- A algunos niños se les enseña desde muy pequeños a calmar la ansiedad comiendo. A otros, se les hace creer que satisfacer ese instinto es portarse bien, y puede que de mayores se atraquen para ahogar remordimientos.
- El afecto y una educación basada en la tolerancia y el respeto mutuo son por lo menos tan importantes como la nutrición de los hijos. Sin embargo, demasiado a menudo, con la comida se les transmite y enseña todo lo contrario.

- En la crianza, a veces se confunden los fines y los medios, la salud con el aspecto físico y el afecto con la comida.
- No se vive para comer, sino que se come para vivir. Pero al alimentarse pueden obtenerse otras muchas cosas, tan buenas o malas como la misma convivencia.
- En las familias numerosas, sea porque la comida va racionada o porque no hay tiempo ni para presionar a los hijos ni para hacer mucho caso de sus caprichos, la hora de comer suele ser una fiesta (o un festival).
- Si la abuela asegura que su hijo no comía nada y que vive de milagro, estará de acuerdo en no querer tentar de nuevo la suerte con el nieto, y en abandonar los métodos que casi provocaron una tragedia.
- Por cada abuela que se gana a pulso los tópicos que se les atribuyen, hay una docena que merecerían la veneración de sus hijos, entre otras cosas, por ocuparse de la comida del nieto, cuando ésa ya no es su responsabilidad.
- Una cosa es estar dispuesto a sacrificar la propia vida por alimentar a los hijos, y otra perderla intentando hacerles comer a la fuerza.
- Los niños que «no comen nada» acaban sobreviviendo. Lo malo es la infancia que pasan y hacen pasar a sus padres.
- Cuando pilla un hueso que no puede tragarse de un bocado, mi perro, supongo que como todos, se esconde para poder disfrutarlo sin miedo a que nadie se lo vaya a disputar. Por el contrario, si se trata de su pienso, del que dispone libremente y que no parece entusiasmarle, espera a sus horas y sólo lo come en nuestra compañía. Pero lo más curioso son los bruscos ataques de hambre que le entran en cuanto ve que me dispongo a dar una vuelta con él: podría pensarse que busca aprovisionarse por si el paseo es largo, pero también que la felicidad le abre el apetito.

¿SEGURO QUE COME POCO?

«Poco» es un término relativo, impreciso, y a menudo subjetivo. «Hoy el autobús tardó poco» significa que lo estuvimos esperando menos de lo habitual, y eso pueden ser dos minutos o media hora, que se nos hacen más o menos eternos según la prisa que tengamos. Igualmente, los potentados se lamentan de estar ganando «poco» cuando sus ingresos sólo han sido algo inferiores a los del año anterior o a los de otros todavía más ricos; y ni siquiera eso es siempre cierto, pues tampoco es raro que su obsesión por enriquecerse les nuble el sentido o sólo pretendan engañar al fisco.

Lo mismo sucede, en mayor o menor grado y proporción, cuando el «poco» se refiere a la comida de los hijos: el niño quizá coma menos de lo que solía, menos que otros niños de su edad, menos de lo que nos gustaría o de lo que consideramos normal; la cuestión es saber si realmente es menos de lo que necesita.

¿CUÁNTO DEBE COMER?

Éste es el ser o no ser de un problema que a menudo se desvanece al descubrir cuáles son las auténticas necesidades nutritivas de los críos, y llevarse una agridulce sorpresa, mezcla de alivio y remordimientos. Porque las básculas son muy testarudas, y si el niño va ganando peso adecuadamente «con lo poco que come», suele suceder que ese «poco» es lo suficiente, o incluso una barbaridad.

El error más frecuente se comete con la carne y el pescado, al pretender, por ejemplo, que a los cuatro o cinco años tomen diariamente raciones de 100 gramos, cuando les puede bastar con menos de la mitad. A esa edad, 30 o 40 gramos de carne o pollo a mediodía, otros tantos de pescado por la noche (sustituidos un par de veces a la semana por un huevo), y el medio litro de leche diario, les aportan todas las proteínas que requieren.

—Pero 30 gramos... eso es una miseria.

—No creas. Si no recuerdo mal, su padre debe rondar los 85 kilos. Es decir, que pesa casi cinco veces más que el niño. Aplicamos la clásica regla de tres, y resulta que cuando le das a tu hijo 100 gramos de carne...

—... es como si a mi marido le pusiese un filete de... ¡medio kilo!

—Visto así, esos 30 o 40 gramos ya no son tan ridículos, ¿verdad?

—No, claro. De todas formas, muchos críos de su edad comen bastante más.

—Lo cual no quiere decir que les haga falta ni que les aproveche.

—Ya... pero siempre había creído que los niños necesitan muchas proteínas para crecer.

—Y así es. Esas dos pequeñas porciones y el medio litro de leche suponen para ellos tantas proteínas como 300 o 400 gramos de carne o pescado y dos litros y medio de leche para un adulto que pesa cinco veces más. ¿Qué te parece ahora?

—Muchísimo... y eso lo come de sobras.

Ésta es la cara agradable de la sorpresa para los padres cuyos problemas se plantean exclusiva o principalmente con el segundo plato. La báscula y la regla de tres, confirman y explican lo que el aspecto y vivacidad del chico demostraban ya a las claras: no comía (o había dejado de comer) tanta proteína de origen animal porque le era excesiva e inútil.

—Pero hay otras cosas. Por ejemplo, casi me da envidia cuando veo los bocadillos que se zampan otros niños.

—¿No le gustan las pastas?

—¿Pastas? Claro que sí, pero no le doy ni una: sólo faltaría, quitarle el hambre con bollos...

—Muy bien, pero me refería a la pasta de sopa, los fideos, los espaguetis...

—Eso sí, y le encanta.

—Pues una cosa va por la otra. ¿Toma fruta?

—El zumo de una naranja por la mañana y una pieza después de la cena, fijo. A veces otra a mediodía, sobre todo cuando toca verdura de primero, porque no le hace mucha gracia y tengo entendido que la fruta también tiene fibra y más hidratos de carbono y vitaminas que las verduras.

—Perfectamente entendido.

—Mi madre siempre decía eso de que en la variedad está el gusto, y que debíamos comer de todo. Pero se pasaba un poco. Aún me acuerdo de lo que llegué a llorar por culpa de las alcachofas hervidas, y yo no pienso martirizar a mi hijo obligándole a comer acelgas cuando acepta mejor la judía verde. Ya tendrá tiempo de acostumbrarse poco a poco.

—Ovación y vuelta al ruedo.

La abundancia y variedad de alimentos disponibles y la mayor cultura sanitaria, hacen relativamente fácil adaptar la dieta a las preferencias de los hijos. Tratados en general con más comprensión y tolerancia que en el pasado, en muchos casos se transige demasiado con lo que sólo son caprichos, pero en cambio, se les sigue intentando hacer comer más de lo que necesitan. Y los excesos suelen ser perjudiciales. En general, se cree que no hay riesgo mientras no se doblen las cantidades recomendadas: a partir de ahí, y respecto a las proteínas, es posible que su exagerado consumo haga trabajar demasiado al riñón y que a la larga no sea muy bueno, y es seguro que no sirve para nada, pues diariamente se eliminan todas las que sobran. Los vegetarianos quizá se pasen de la raya o se compliquen la vida sin necesidad (sin entrar en otras consideraciones, limitar la variedad de la dieta es aumentar las posibilidades de que resulte peligrosa para la salud), pero es verdad que todos deberíamos consumir más cereales, legumbres, frutas y verduras, y menos grasas y proteínas de origen animal.

—A veces le he castigado por no acabarse un bistec de casi 80 gramos, y con el pescado hay que frenarle, porque le gusta mucho... y eso sin contar el jamón dulce del bocadillo... Me siento culpable.

—Si acaso, de los malos ratos que los dos habéis pasado inútilmente, de modo que en el pecado ya llevaste la penitencia. Por lo demás, a tu hijo no le va a pasar nada, porque te sobra tiempo para rectificar.

Al cabo del tiempo, ese tipo de errores en la alimentación de los niños repercute menos en su salud que el hecho de seguir a lo largo de la vida con la dieta a la que se acostumbraron de pequeños. Hay que enseñarles a comer de todo sin abusar de nada, ofrecerles una dieta equilibrada y variada, evitando que se atraquen con el primer plato y luego no prueben el segundo, o al revés. Y no forzarles jamás.

—Me estoy acordando de las alcachofas hervidas...

—Ni punto de comparación, y tampoco creo que hayan determinado trágicamente tu vida... pero no está mal que las tengas presentes.

Muchos conflictos con la comida de los niños podrían evitarse si se conocieran mejor sus necesidades reales, proporcionalmente mayores que las de los adultos, pero que tienden a ser exageradas al olvidar la diferencia de peso entre unos y otros.

LAS NECESIDADES NUTRITIVAS DE LOS NIÑOS
SON PROPORCIONALMENTE MAYORES QUE LAS DE LOS ADULTOS,
PERO MENORES DE LO QUE SE SUELE CREER

Entonces, ¿cuánto y qué deben comer? La pregunta es pues doble, y eso es precisamente lo que complica la respuesta. Durante los primeros meses, la leche materna o artificial cubre todas sus necesidades, y sólo preocupa la cantidad. Pero, aun suponiendo que pudieran seguir utilizando a lo largo de la vida un único combustible (como hacen los automóviles), tampoco éste sería constante ni igual para todos. **Depende básicamente de su peso** (un camión gasta más que un turismo), **de la velocidad a la que estén creciendo** (a mayor aceleración mayor consumo) y, desde luego, **de la actividad física que desarrollen.** Todos estos factores varían de día en día y, sobre todo, **cada cual tiene su propio metabolismo** (no todos los motores obtienen el mismo rendimiento de la gasolina), **y lo que para unos es mucho, para otros resulta insuficiente.**

Por lo tanto, **la cantidad de alimento que deben recibir** para obtener toda la energía que requieren, **sólo puede calcularse de forma aproximada** (gracias a lo cual no vivimos esclavizados por las balanzas de cocina). Pero esto tampoco supone mayor problema, porque, mientras pueda, un niño sano nunca comerá menos de lo que necesita. **La sensación de hambre exige ser saciada y, en principio, tiende a pecar por exceso.**

UN NIÑO SANO PUEDE COMER MAL,
PERO NUNCA PASARÁ HAMBRE SI ESTÁ EN SUS MANOS EVITARLO

Sin embargo, y aunque también aquí se van a utilizar como sinónimos, **una cosa es el hambre y otra el apetito.** El hambre y la saciedad nos indican cuándo y cuánto debemos comer, y esos mecanismos naturales de regulación sólo se quedan cortos en caso de enfermedad física o mental (como la anorexia nerviosa de los adolescentes, pero también la de los pequeños que sufren presiones tan desmesuradas a causa de la comida que acaban por odiarla). En cambio, el apetito dirige nuestro deseo hacia determinados alimentos, y no siempre acierta con lo más adecuado, pues está muy determinado por factores psicológicos y culturales. En todo caso, **los niños saben *cuánto*, pero no *qué* necesitan.** Por eso, mientras sólo consumen leche basta con satisfacer su hambre, pero si luego ellos mismos deben seguir decidiendo la cantidad total de alimento que precisan, **es tarea de los padres guiar su apetito hacia una dieta variada y equilibrada.**

Así pues, se trata de ofrecerles un menú diario con el que puedan cubrir sus necesidades energéticas y recibir en proporción adecuada las distintas sustancias nutritivas que requieren, evitando carencias y excesos perjudiciales. Lo cual es casi más difícil de formular que de llevar a la práctica, pues los fundamentos de la alimentación infantil coinciden en gran medida con la de los adultos (aunque muy a menudo sucede al revés, y muchas familias mejoran su nutrición al aplicar los principios que han debido aprender para criar a los hijos).

¿Qué y cuánto necesitan comer los niños?

Leche y derivados: Básicos

La leche no sólo es el alimento más completo que existe: sin ella, es muy difícil lograr que los niños reciban todo el calcio que requieren hasta acabar la adolescencia, y por eso es el punto de partida y el pilar central en el que se apoya su nutrición.

- **No deben tomar menos de medio litro diario de leche entera**, incluyendo su equivalente en productos derivados de ella, **pero tampoco más de tres cuartos**, especialmente si no alcanzan los mínimos recomendados para los restantes alimentos.
- Es importante recalcar que los niños necesitan leche entera y no desnatada ni semidesnatada, a menos que se indique expresamente lo contrario.
- Un yogur natural de 125 ml alimenta tanto como ese mismo volumen de leche, pues su composición es prácticamente idéntica.
- Quesos, los hay de muchos tipos, pero en general llevan cinco veces más calorías (y casi diez veces más proteínas y calcio), de modo que 25 g de manchego tierno o de queso de bola pueden sustituir sobradamente a 125 ml de leche de vaca.
- Los populares vasitos de queso fresco pesan aproximadamente 50 g, y aunque aportan el doble de energía y proteínas que la leche, no tienen más calcio que ella.

- Muchos pediatras recomiendan seguir hasta los dos o tres años con las llamadas leches de continuación o crecimiento, sobre todo por su mayor riqueza en vitaminas y hierro. En tal caso, conviene que además del medio litro tomen un yogur o un poco de queso, porque esas leches llevan menos calcio que la normal.

Carne, pescado y otras fuentes de proteínas: sin excederse

Fundamentales para la vida y el crecimiento, no pueden almacenarse como las grasas o los azúcares, y por eso es necesario tomarlas a diario. Pero por lo mismo, su exceso es eliminado inmediatamente, y abusar de ellas es tan innecesario e inútil como frecuente y seguramente perjudicial.

- **Los mayorcitos necesitan alrededor de 100 o 120 g diarios, pero antes de los seis años tienen suficiente con la mitad**: sólo 30 g de carne a mediodía, y otros 30 de pescado o un huevo con la cena, por ejemplo.
- En estas cantidades quedan incluidos el jamón y los embutidos de los bocadillos, y los mariscos de la paella. Por término medio, tienen tantas proteínas como la carne o el pescado.
- No hay el menor inconveniente en darles unas raciones mayores, siempre que no se supere el doble de lo recomendado (y hayan tomado una cantidad razonable del primer plato).
- Es bueno alternar las carnes blancas con las rojas, y los pescados blancos con los azules. Además de las proteínas, interesa mucho el hierro, y el color refleja su mayor contenido en ese mineral.
- Conviene elegir carnes magras y separar la grasa que las acompaña. En ese sentido, el pollo y el pescado son preferibles a las carnes rojas, y se recomienda limitar mucho el consumo de embutidos y vísceras. (El de cigalas, langostinos, gambas y crustáceos en general ya se reduce por otro motivo, pero por si alguien quiere amargar la fiesta alertando sobre su ciertamente

elevado contenido en colesterol, es útil saber que llevan otros «esteroles» que dificultan mucho su absorción en el intestino: lo carísimo, con la moderación propia de la guinda del pastel, suele ser bueno.)

- Entre los embutidos, el de pavo es el que menos grasas y colesterol tiene. Y el jamón serrano, menos que el dulce (o de York).

- Los sesos y criadillas gozaron de mucho prestigio en otras épocas, quizá por creer que «de lo que se come se cría», o porque el pollo y la ternera eran un lujo, y los mismos médicos recomendaban esas proteínas mucho más asequibles. Lo cierto es que las vísceras animales no son muy saludables, y sólo el hígado de ternera y cordero siguen aconsejándose debido a su gran contenido en hierro.

- Comiendo más pescado en vez de tanta carne se reduce el consumo de grasa animal, y la del azul es muy saludable. Es el único alimento que ha probado tener por sí sólo la capacidad de disminuir el riesgo de enfermedad coronaria.

- A pesar de que estudios en adultos han demostrado que no tomando más de un huevo diario no aumenta el riesgo de enfermedad cardiovascular, la recomendación de los expertos es no pasar de dos o tres por semana (coincidiendo con lo que en nuestro medio se venía haciendo «de toda la vida»).

- Un plato mediano de legumbres (lentejas, garbanzos o alubias) puede reemplazar perfectamente a una ración de carne o pescado, aunque sus proteínas no sean de tanta calidad, ni su hierro se aproveche igual. Y es bueno hacerlo al menos una vez por semana. Además de vitaminas y fibra, llevan «fitoesteroles» que limitan la absorción del colesterol (como los «esteroles» marinos de los mariscos) de modo que las legumbres que acompañan a los productos del cerdo en todas las variantes de cocidos españoles, o las alubias de la butifarra catalana con «secas», explican parte del misterio de la famosa dieta mediterránea, y demuestran el valor de la tradición.

- Alternar pollo y carne roja a mediodía, cenando dos noches pescado blanco, dos azul y otras dos un huevo, es una buena regla. Falta un día para completar los siete de la semana, y para recordar que las legumbres también llevan proteínas y son muy buenas para la salud. Por eso, la regla será mejor si nos la saltamos en favor de unas lentejas, unos garbanzos o unas alubias, si no sustituyendo, al menos acompañando a la carne en vez de las consabidas patatas fritas.

Frutas y hortalizas: Las primeras, sin duda

En este grupo se reúnen alimentos de diferente importancia y valor nutritivo. Las patatas interesan como fuente de energía, las verduras por su fibra, y las frutas por ambas cosas, pero sobre todo por sus vitaminas. Así pues, las frutas lo reúnen todo, y gracias a ellas es posible reducir el tamaño de un primer plato que a menudo encabeza la lista negra de los niños.

- Al comerse cruda, la fruta conserva vitaminas que otros alimentos pierden por la acción del calor. **El zumo de una naranja y una o dos piezas diarias de fruta** no deberían faltar nunca en la dicta de los niños.
- Llevan, además, azúcares naturales y fibra, y si el crío lo prefiere, una pieza extra puede sustituir a media ración de patatas con verdura. Las uvas, el plátano, las peras y los nísperos tienen muchas calorías.
- Su fibra se halla en la piel y la pulpa, y salvo que se obtengan utilizando una licuadora, los zumos carecen de ella.
- Como también se consumen crudos, la lechuga y los vegetales de la ensalada pueden ser considerados en la práctica como frutas. El tomate, lleva casi tanta vitamina C como la naranja. Y la ensalada (que puede incluir también unas pocas legumbres frías) es mejor guarnición que las patatas fritas.

- Frutas y verduras contienen «polifenoles», unas sustancias dotadas de propiedades antioxidantes muy beneficiosas.
- Los distintos colores de los vegetales guardan cierta relación con el tipo de vitaminas y la cantidad de hierro y minerales que contienen, y por eso conviene alternar los verdes con los amarillos.
- Aunque la fama se la han llevado las espinacas, las acelgas tienen aún más hierro. No obstante (y por suerte para muchos niños), ni unas ni otras pueden compararse con la carne, las sardinas o el atún, puesto que el organismo aprovecha mucho mejor su hierro que el de las verduras y legumbres.
- Los alimentos ricos en fibra combaten el estreñimiento y es posible que también disminuyan el riesgo de futuras enfermedades cardiovasculares e intestinales. Sin embargo, si son tan recomendados hoy día, es porque apagan el hambre suministrando poquísimas calorías, con lo cual se reduce el consumo excesivo de otros alimentos, y se previene la obesidad. (Obviamente, no interesan demasiado en los niños que comen lo justo.)
- El papel de las patatas en la dieta es muy similar al de los cereales, y a efectos prácticos pueden incluirse en su grupo.

Pan, pasta, arroz y cereales: A demanda

Los cereales son los principales proveedores de hidratos de carbono, aunque éstos también se encuentran en la leche, las legumbres, las patatas y las frutas. Gracias a ellos obtenemos todas las calorías necesarias sin tener que aumentar el consumo de proteínas y grasas hasta niveles perjudiciales.

- Al convertirse rápidamente en energía, son lo primero que se busca cuando se siente hambre, y **para asegurarse de que los críos los toman en cantidad suficiente, basta con cuidar de que no se excedan con los alimentos de los otros grupos.** La experiencia demuestra que nuestros niños reciben demasiadas proteínas y grasas, y pocos hidratos de carbono. Disminuyendo las calorías que obtienen a partir de grasas y productos de origen animal, así como el consumo de chucherías y azúcares refinados, aumentaría inexorablemente su demanda de estos azúcares naturales.

- El pan, la pasta italiana o de sopa, el arroz o las patatas deberían estar presentes en todas las comidas del día, complementando las raciones recomendadas para los restantes alimentos, y permitiendo que la saciedad del niño decida cuánto necesita para acabar de satisfacer con ellos sus necesidades.

- No hay inconveniente en que sigan tomando papilla de cereales para desayunar hasta que quieran. Es bueno que mastiquen, pero el ya casi olvidado pan con leche o los copos de cereales que le han reemplazado, tampoco hacen trabajar demasiado a los dientes. Y, además, muchos cereales para bebés están enriquecidos con un poco de hierro.

- El valor nutritivo de la pasta es muy similar al del pan. Y aunque no a todos les gusta en la sopa, los macarrones y espaguetis suelen ser muy apreciados por los pequeños y, desde luego, se les pueden dar a diario.

- El pan y los cereales integrales tienen más hierro y vitaminas que el normal. Sin embargo, su principal diferencia es el contenido en fibra, que ayuda a evitar el estreñimiento, pero también «llena» más.

Otros alimentos: Sí y no

- Los caldos deben ser desgrasados, y en esas condiciones no son más que un poco de agua con sales. Si suelen recetarse a los enfermos, es precisamente porque necesitan más líquido que otra cosa, y el famoso «alimento» de las **sopas** está en la pasta o en los «tropezones» que nadan en ellas.

- Los expertos en nutrición recomiendan que, a partir de los dos años, las grasas no aporten más del 30% de las calorías totales, pero las virtudes del **aceite de oliva** han hecho que bastantes acepten llegar a un 35% cuando este producto forma parte de la dieta. Así pues, no hay motivo para renunciar a él, y debemos seguir poniendo un chorrito en ensaladas y verduras, y dar a los niños pan con aceite, muchísimo más saludable que la mantequilla. Por lo demás, cualquier alimento frito en aceite, llevará más grasa que si se cuece o se hace al horno o a la plancha, y estas técnicas culinarias son, por tanto, más recomendables. Pero los fritos bien hechos, sumergiendo brevemente el producto en aceite de oliva a más de 100 grados, además de añadir sólo un poco de grasa (y de la buena), conservan más las vitaminas de su interior.
- Los **frutos secos**, y especialmente las nueces, están de moda por su poder «cardioprotector», atribuido principalmente a la calidad de sus grasas. Pero precisamente por la gran cantidad de calorías que éstas aportan, pueden fácilmente acabar con el apetito del niño; y no hay que olvidar que nunca se deben ofrecer a los menores de dos o tres años, por el riesgo de atragantamiento y aspiración que comportan.
- Siendo un derivado de la leche, la **mantequilla** no suele incluirse en ese grupo, porque es pura grasa. No es malo poner un poco en el pan del bocadillo, aunque sin olvidar que lleva diez veces más calorías que la leche, y que los productos de pastelería nunca carecen de ella o de otras grasas de menos calidad.
- El consumo de **margarinas** debe ser moderado, siendo preferibles las que tienen predominio de «ácidos grasos insaturados», fácilmente reconocibles porque lo suelen anunciar a todo trapo.
- Muchos de los productos de pastelería y bollería industrial, incluyendo los mil **pastelitos y chucherías** con que se tienta a los chiquillos, están compuestos por azúcares refinados y grasas rechazables desde el punto de vista nutritivo, además de llevar

montones de aditivos. A pesar de que algunos están mejorando su composición, y aunque los aditivos están muy controlados y son bastante más inofensivos de lo que se suele creer, sigue siendo acertado considerar sus abundantes calorías como basura, pues no son nutritiva ni gastronómicamente interesantes. La suerte es que muchos niños los tiran en cuanto han cogido el cromo.

- El **chocolate** no es sólo bueno para el paladar. Su grasa se transforma en el organismo en una de las que no aumentan el colesterol y, además, es el alimento corriente más rico en los antes citados «polifenoles». Con mesura, como todo, pero, sin duda, es más sano merendar pan con un poco de buen chocolate que una pasta. Y si el cacao en polvo sirve, además, para que tomen mejor la leche, bienvenido sea.

- Lo peor de los **refrescos** (colas, naranjadas y limonadas sin naranja ni limón, ahora llamadas bebidas «blandas») no es su escaso o nulo valor nutricional, sino que reemplazan la leche o los zumos naturales.

- Aunque la relación entre el consumo de **sal** y el aumento de la presión arterial no aparece en toda la población y es mucho mayor a medida que pasan los años, es mejor acostumbrarse de pequeños a no abusar de ella. El buen jamón serrano merece una excepción y, en cambio, más vale mostrarse rigurosos con las viciosas pipas y las patatas «chips» saladas.

- La falta de **yodo**, especialmente fácil si no toman mucho pescado, causa problemas de tiroides con demasiada frecuencia y se evita utilizando sal yodada.

- No existen **alimentos milagrosos** ni es bueno desequilibrar la dieta con productos más o menos exóticos de ningún tipo.

En definitiva, **hay que asegurar al niño unos mínimos en productos lácteos, proteínas de origen animal y fruta, sin olvidar las legumbres secas al menos una vez por semana y un poco de** aceite de oliva crudo cada día. Pero respecto a los otros alimentos, la preocupación debe ser el equilibrio y la variedad, porque la cantidad es cosa suya. No obstante, y a título de ejemplo, en los siguientes cuadros se dan valores más concretos, separando los ingredientes de cada comida en dos columnas. Los de la primera son particularmente importantes por sus proteínas, vitaminas y minerales; los de la segunda, por sus calorías.

Menú para un niño de tres años

Desayuno:	Un cuarto de litro de leche	4 galletas tipo María
	Un plátano	
Comida:	30 g de ternera a la plancha	50 g de pan
	Una pera	Una patata mediana hervida
	El zumo de una naranja	50 g de judía verde (con aceite)
Merienda:	Un yogur	25 g de pan
Cena:	30 g de merluza frita	25 g de pan, pasta o arroz
	Un cuarto de litro de leche	Un tomate crudo (con aceite)

Menú para un niño de diez años

Desayuno:	Un cuarto de litro de leche	50 g de pan con mantequilla
	Una manzana	
Comida:	50 g de pollo al horno	50 g de pan
	150 g de uva	Dos patatas medianas hervidas
	El zumo de una naranja	50 g de acelgas (con aceite)
Merienda:	30 g de queso de bola	50 g de pan
Cena:	50 g de atún frito	Ensalada de lechuga (con aceite)
	Un cuarto de litro de leche	50 g de pasta o arroz

Estos datos pueden haberle llevado a descubrir que su hijo no comía poco sino menos de lo que usted creía necesario. En ese caso, enhorabuena. Si, además, es alto y está bien de peso, no se han traumatizado mutuamente por culpa de la comida ni tiene ya duda alguna sobre este asunto... consulte a pesar de todo el índice de capítulos antes de abandonar el libro.

¿COME POCO, O MAL?

Puede ser que las páginas previas sólo le hayan confirmado algo que era ya a todas luces evidente: el niño tiene problemas con algún grupo de alimentos, rechazando por ejemplo las frutas, la carne y el pescado, o nada menos que los lácteos. También es posible que no se le permita tomar leche ni incluso derivados a causa de una intolerancia o alergia, y estas situaciones se tratarán en la última parte del libro. Sin embargo, más que por manías o enfermedades, su dieta suele alterarse por otro mecanismo, cuando no es que coman poco, sino nada. O, según afirman rotundamente algunas madres, «nada, nada, nada».

Ante una pérdida de apetito tan radical, el pediatra piensa que el pequeño está enfermo y lo explora desde los pies hasta la cabeza. Por no empezar con lo más molesto y no pasar por alto otras cosas, deja la garganta para el final, aun sabiendo que en ella se descubre muy a menudo la causa del problema. Si el niño tiene fiebre, se la puede encontrar llena de pus; en caso contrario, llena de...

—¿Chocolate?

—Sí... Es que justo antes de subir, hemos entrado en la panadería de aquí al lado, y claro...

—Claro. Como la niña no había desayunado, era lógico que tuviera hambre, te ha dado pena, y se ha zampado un cruasán relleno que abulta el doble que ella.

—No tanto, pero bueno. De todas formas, es lo único que ha comido desde ayer por la mañana. A mediodía, ni tocó el plato.

Y es cierto, porque no le hizo falta plato para tomarse el yogur y las natillas que aceptó tras duras negociaciones. Así, al menos, no se iría al colegio con el estómago vacío, dijo la abuela. Y por la noche, tampoco probó nada, a pesar de que su padre la había sacado de paseo por ver si tomando el aire se le abría el apetito.

—Que ella aprovecharía para sacarle a tu marido otra pasta o cualquier chuchería.
—No creo, porque le tengo dicho que no ceda con esos caprichos. Lo de hoy ha sido un fallo mío, lo reconozco. Además, la niña ya se llevó de casa unas galletas...
—¿Cuántas, si saberse puede? Por pura curiosidad...
—No me acuerdo. Imagino que unas cuatro o cinco.

Es decir, seis o siete por lo menos, quizá de nata, equivalentes a veinte o veinticinco para un adulto que pesa cuatro veces más, y que difícilmente cenaría nada tras ese «tentempié». La niña en cambio, realmente no miró las patatas ni el pescado, porque no volvió la cabeza mientras la perseguían por toda la casa, pero los flanes de huevo le gustan bien cargaditos de azúcar, y con el desgaste de la carrera, era lo menos que necesitaba antes de afrontar una larga noche.

La investigación prosigue, descubriendo que sólo se cuenta el plato y el tenedor, porque la leche al parecer no alimenta, y la muchacha se bebe un litro diario. De todo lo cual se desprende que no está comiendo poco, sino fatal, que no es lo mismo. Con más calorías de las que requiere, pero alimentada a base de lácteos, la anemia está a la vuelta de la esquina. Y a veces...

—¿En biberón, con tres años?

—Sí... Ya he intentado quitárselo, pero monta unos escándalos de aquí te espero, y...

—Si sigues dejando que se salga con la suya, ves buscando, además, un dentista, porque la espera una caries de campeonato. Te tiene dominada, y no me extrañaría nada que... ¿Duerme bien?

Ojalá. Se despierta tres o cuatro veces cada noche, y la madre ha de quedarse con ella hasta que vuelve a coger el sueño, a pesar de haberse comprado el libro que solucionó el problema de una familia amiga. Claro que no lo puso en práctica.

—Es que es imposible. Se pone a llorar a grito pelado en cuanto la dejo sola en la cama y acabamos todos histéricos.

—Pues como sigas cediendo por no oírla, vas apañada. Ahora, lo primero que debes hacer es tirar el biberón por la ventana.

—Y lo segundo tirarme yo detrás. No quiero ni pensar en la que me va a formar la cría. Además, para algo que tomaba bien..., porque en vaso, ni el agua.

—Del suelo la bebería si le apretara la sed.

Pero el pediatra sigue: No dejará que pase del medio litro diario de leche; yogures y flanes, de momento ni uno, y sobre todo, no debe darle absolutamente nada fuera de las horas de las comidas, salvo agua clara y transparente. En vaso, por descontado.

—Eso es muy fácil de decir, y...

—Una cosa es predicar y otra dar trigo, ¿verdad? Pues no te falta razón, pero es tu hija, y sin la menor duda, su problema no es de comida, sino de educación. Ni dormirá, ni comerá bien mientras compruebe que llorando consigue hacerte cambiar de opinión. Y además os amargaréis mutuamente la existencia.

Cosa que sucede demasiado a menudo. Madres inteligentes y sensatas parecen perder el juicio con los niños y su comida, porque algunos, efectivamente, no comen nada, nada, nada, es decir, nada de buena mañana, nada a mediodía, y nada antes de acostarse. Pero el resto del día se atracan. Lo cual no sería tan grave, si no afectase al equilibrio de su dieta y a la convivencia familiar.

MUY A MENUDO NO COMEN POCO, SINO MAL Y A DESHORA

Cuando un niño aprende a imponer sus deseos a base de llorar todo lo que haga falta, el conflicto no se limita a la alimentación. No come bien, a veces tampoco duerme, nunca tiene suficientes juguetes, es muy desobediente... en casa, desde luego, porque su comportamiento en el colegio puede ser estupendo. Sabe muy bien con quién resultan infalibles sus pataletas, y dónde no le sirven de nada. Las reserva para sus padres, que tampoco se muestran precisamente encantados por ello, con lo que el crío se siente rechazado o culpable y se porta cada vez peor... Las cosas se empezaron a complicar cuando descubrió que la palabra «No» significaba «Depende de lo que insistas».

Sin llegar a tanto, algo parecido ocurre siempre que las manías y caprichos de los niños desequilibran sus dietas. Aunque sólo coman en plato y a sus horas, **unas veces «por no oírles» y otras «porque no se queden sin nada en el cuerpo»,** se les consiente dejar el primero intacto y apurar o incluso repetir el segundo, en vez de tomar la mitad de cada. En cualquier caso, **comen mal, no poco.**

Nadie ignora cuál es el remedio, pero del dicho al hecho hay un trecho, y de cómo recorrer esa distancia se hablará más adelante. Ahora debemos seguir analizando lo que realmente comen.

¿COME POCO, O MENOS?

Si cada niño tiene sus particulares necesidades nutritivas, la mejor referencia no serían unas recomendaciones generales, sino sus propios hábitos y, por lo tanto, es lógico preocuparse cuando de pronto empieza a comer menos de lo que acostumbraba. Sin embargo...

—¿La ves triste o apagada?

—No, ¡qué va! Al revés. Está feliz, y desde que aprendió a andar, me paso todo el día corriendo detrás de ella, porque no para. Pero con lo bien que comía antes, ahora me cuesta Dios y ayuda hacerle abrir la boca. No es normal. Ha cambiado. Yo creo que le pasa algo.

Desde luego. Entre otras cosas, sabe que mientras tenga cerca a su madre no va a conocer el hambre, y prefiere dedicar su tiempo a explorar el nuevo mundo que ahora está a su alcance. Además, está afirmando su personalidad y empezando a descubrir las insospechadas e interesantes reacciones que un simple «no» puede provocar en sus padres. Pero sobre todo, comen menos porque sus necesidades son proporcionalmente menores.

En efecto, durante el primer año, los bebés aumentan unos siete kilos, multiplicando su peso de nacimiento por tres, y para eso hay que comer mucho. Si siguieran igual, a los dos años pesarían treinta, a los tres noventa y a los cuatro doscientos setenta kilos. Al nacer, el niño es como un coche que llega a la meta lanzado a toda velocidad. Aunque el piloto retira entonces el pie del acelerador, sigue corriendo y haciendo muchos metros, pero cada vez va más despacio, y en consecuencia, consume menos gasolina. El niño no volverá a pisar el acelerador hasta que empiece la pubertad. En el segundo año deben ganar unos dos kilos, sólo un veinte por ciento de lo que pesan al año, cuando durante el primero aumentan más de un doscientos por ciento. Es lógico que en proporción no necesiten comer tanto.

Ciertamente, también se mueven y gastan más energías que antes y, además, sigue aumentando el tamaño del cuerpo que debe ser alimentado, pero en todo caso, ellos saben mejor que nadie las calorías que necesitan, a menos que estén gravemente enfermos o se haya iniciado el camino que les lleva a aborrecer la comida, porque...

—¿Quién te ha dicho que le dieras tanta cantidad de carne y pescado?

—Nadie... pero a los seis meses ya tomaba treinta gramos de pollo, y al ir haciéndose mayor, he creído que lo lógico...

—Pues no. Con esa misma cantidad tiene más que suficiente. Primero porque ahora, además, toma pescado por la noche; segundo, por aquello de que ya no crece tan deprisa; tercero, porque te lo digo yo; y cuarto, porque la niña coincide conmigo, y como tú le pones el doble, ella se deja la mitad.

La mitad de todo, porque seguramente también se han aumentado las patatas y la verdura del mediodía o la pasta de la cena. Con la fruta suele ocurrir lo mismo: del zumo de naranja con un tercio de pera, manzana y plátano, se ha pasado a darles tres piezas completas y otras tantas galletas. A veces, a costa de lo fundamental: ¿Ya llega al medio litro diario de leche?

—No lo sé, porque sigo dándole de mamar antes de acostarla...

—Y como el pecho no es transparente ni lleva una escala graduada, no sabes cuánto toma. Un colega amigo mío dice que Dios se olvidó de ese detalle al diseñar una obra, por lo demás perfecta, lo cual es relativo, porque precisamente gracias a eso, nadie se inquieta si un día el niño mama un poco menos ni se empeña en darle más de la cuenta. Pero vamos a lo nuestro: una toma de pecho, y la papilla de cereales de la mañana que también cuenta, ¿no?

—Y un yogur... Me parece que no come tan poco como yo creía.

—Y mientras la veas bien, debes dejarla a su aire.

Alrededor de su primer cumpleaños, **cuando los niños alcanzan los nueve o diez kilos y empiezan a caminar, es frecuente que pierdan interés por la comida** al coincidir la disminución de sus necesidades con el descubrimiento de nuevas fuentes de placer (y decir «no» es una de ellas). A menudo, estaban aceptando con gusto (compartido por toda la familia) una dieta que cubría con creces sus requerimientos, y **pasan a comer lo justo**. El cambio puede ser muy brusco y marca el inicio de muchos calvarios si la natural alarma de los padres, «mal acostumbrados» a alimentarle casi continuamente, les lleva a poner en marcha la habitual y peor que contraproducente batería de estratagemas para lograr hacerle comer lo mismo que antes. Éste es pues un momento crítico, y conviene estar prevenidos.

ALREDEDOR DEL AÑO DE VIDA
MUCHOS NIÑOS PIERDEN INTERÉS POR LA COMIDA,
PERO COMER MENOS DE LO HABITUAL
NO SIEMPRE SIGNIFICA QUEDARSE CORTOS

Desde luego, **esa misma situación puede presentarse o reaparecer en otras etapas de la vida del niño, y si por lo demás parece estar bien, lo más probable no es que coma poco, sino sólo lo necesario.** Es normal que el apetito sufra oscilaciones, y no hay que alarmarse porque pasen días o temporadas comiendo menos, sobre todo si eso sólo significa que han dejado de tragar como limas, pero aún alcanzan los mínimos antes recomendados. Otra cosa es que la falta de hambre vaya acompañada por claros signos de enfermedad...

—Lo traigo porque lleva tres días que no le entra nada, lo que se dice nada.

—Agua sí que beberá...

—Ni eso. Tiene mucha sed, pero igual de rápido que se la bebe, la saca. Y lo mismo con la leche y con todo. Empezó anteayer, que se empeñó en cerrar la boca, y acabó echando lo poco que había conseguido hacerle tragar. Y así hasta hoy. No come nada.

—¿Vomita todo lo que le das?

—Y más. Se pasa el día devolviendo.

—Ya... ¿Y cómo hace las cacas?

—Va como un grifo. Hoy lleva ya ocho o diez, puro aguachirri.

—¿Le has puesto el termómetro?

—A 39 creo que estaba ayer por la tarde. Ahora aún le noto más caliente. Pero lo peor es que no come nada.

Es evidente que la protagonista de esta anécdota, transcrita tan fielmente como permite la memoria, además de un bajísimo nivel cultural, tenía una peligrosa ausencia del más mínimo sentido común. Obcecada por la alimentación, tardó tres días en pedir ayuda a pesar de los aparatosos y alarmantes signos de enfermedad que presentaba su hijo y del claro riesgo de deshidratación que suponían.

Cuando la pérdida de apetito es reciente, es muy raro que los padres no coincidan con el pediatra en **preocuparse ante todo por la causa y menos por sus consecuencias**, sobre todo si existen otros síntomas sospechosos. La excepción son precisamente las gastroenteritis y cualquier enfermedad en la que el niño no pueda recibir el agua y los minerales que le son a diario imprescindibles y que está perdiendo, o cuya duración y gravedad obligue incluso a alimentarle a través de una sonda o por vía endovenosa. Por lo demás, la norma general no cambia cuando están enfermos: Podemos variar el menú, pero la cantidad la siguen limitando ellos. Y no suelen equivocarse.

El caso relatado también es ilustrativo en este sentido. El chiquillo empezó por rechazar y vomitar la comida que le obligaron a tomar porque ya no estaba bien. No le convenía comer, sólo quería agua, y era eso lo que necesitaba. El tratamiento correcto de las gastroenteritis, respeta y atiende la sed y el hambre de los niños. De entrada sólo se les ofrece un suero con glucosa y minerales, poco y a menudo al principio para hacer menos fácil que lo devuelvan todo, pero tanto como quieran en total. A medida que muestran interés por la comida, se les va dando la que recibían normalmente, sin restricciones[1] ni tampoco prisas, además de seguir con el suero en vez de agua sola mientras las heces sigan siendo líquidas. Unos tardan tres o cuatro días en comer tanto como antes, otros una semana o más, pero todos reciben **lo que requieren durante ese período: menos de lo habitual, aunque no poco, sino lo necesario.** Y con las salvedades ya hechas, lo mismo sucede en cualquier enfermedad, que, obviamente, tampoco sería más breve si el niño comiera más.

Si se trata de enfermedades leves, al no haber mayor motivo de inquietud por la salud del niño, es lógico que la preocupación adicional por su nutrición pase a primer plano. Y por más que la pérdida de apetito que acompaña a esos procesos sea tan transitoria como ellos y que incluso pueda ayudar a superarlos, muchos padres se muestran poco conformes con eso de que coman tan poco cuando están malos...

—¿Y puede pasar toda la noche sin haber cenado nada?
—Por descontado.
—Pero ¿nada? ¿Ni un vaso de leche siquiera?
—Necesita agua, y más teniendo en cuenta que está resfriado y con fiebre. ¿Tienes hambre tú cuando pillas un trancazo? ¿No bebes más que otra cosa?
—Sí, pero también intentas comer un poco.

1. La típica dieta astringente (arroz, zanahoria, manzana rayada, plátano, y pequeñas cantidades de pollo o pescado a la plancha) está siendo abandonada, porque no importa tanto cortar la diarrea, como reponer lo que pierden y alimentarles lo mejor posible. Por otro lado, igual que la tos, la diarrea sirve para eliminar microbios, y taponar el intestino a base de arroz se opone a su función defensiva. Lo cierto es que comiendo lo normal (sin excesos, guisos, ni mucho menos chucherías), por lo menos se curan igual que antes. No obstante, en algunas ocasiones deben utilizarse leches especiales, y muchos pediatras siguen prefiriendo que hagan la clásica dieta uno o dos días.

—Ya, ya. Me río yo. «Intentas», pero nadie te obliga, y no comes ni cenas más de lo que te viene de gusto.

No importa que un crío se vaya a la cama «in albis» ni que se pase cuatro días comiendo poco, porque no teniendo nada grave, tampoco hay razón para desconfiar de su instinto y ese poco es exactamente lo que necesita durante ese período. Algunos síntomas de enfermedad, son advertencias de la naturaleza que no debieran ser ignoradas.

—¿Qué te apetece cuando estás con un buen catarro?
—Quedarme en la cama.
—Tocado. No iba yo por ahí... aunque también me vale. ¿Y qué haces?
—Me tomo un antitérmico para poder ir a ganarme el pan.
—Pues bien por lo primero, pero no tanto por lo otro. Porque con aspirina o sin ella, lo que debieras hacer es quedarte en la camita obedeciendo a tu cuerpo, en vez de engañarle. Al trabajar pierdes energías que necesitas para luchar contra esa enfermedad, y una cosa es aliviar las molestias de la fiebre, y otra aprovechar la jugada para darse una paliza.
—No tengo más remedio y, además, no veo qué relación... En todo caso, si se necesita más energía, más razón para procurar comer bien.
—Pero al organismo tampoco le sale gratis digerir los alimentos, y durante muchas enfermedades, se ahorra gastos echando mano de sus reservas, que para eso están.
—Y así se quedan, los pobres.
—El peso que pierde un niño los tres días que está malo, lo recupera a los tres siguientes. De todas formas, lo de «procurar comer bien» me ha gustado mucho. Ya sólo falta que nos pongamos de acuerdo en lo que significa «comer bien» estando enfermos.

Como la fiebre, **la falta de hambre es una reacción natural que pretende ayudarnos a superar las enfermedades**. La fiebre acelera la respiración y la circulación de la sangre, activa el sistema defensivo, invita a guardar reposo para economizar energías y, además, el aumento de temperatura es capaz por sí mismo de destruir algunos microbios. En contrapartida, es molesta, resulta peligrosa para determinados niños, y a pesar de lo dicho, su influencia en la recuperación de la salud es muy discreta. Por lo tanto, puede y debe ser combatida, aunque más por caridad que por necesidad.

La pérdida de apetito ahorra el trabajo que supone digerir los alimentos: su función es quizá más modesta aún, y en las enfermedades prolongadas puede llegar a ser muy perjudicial, pero si ese síntoma sólo incomoda a los padres, lo caritativo no es enfrentarse a él, sino respetarlo.

ES NORMAL E INCLUSO BUENO
QUE COMAN MENOS
CUANDO ESTÁN ENFERMOS

El organismo en lucha pide **líquidos y calorías para uso inmediato**. Hay que ofrecerles agua, frutas, pasta, platos ligeros y fáciles de digerir. Pocas grasas, salvo la de la leche, si es que la toleran, algo de carne o pescado hervido o a la plancha... Una vez más, guiando su apetito, pues aunque ya suele orientarles espontáneamente hacia esos alimentos, deben evitarse caprichos o excesos de cualquier tipo, pero sin preocuparse demasiado ni presionarles para que coman más de lo que quieren. Aunque pierdan peso, **el objetivo es nutrirles con lo más adecuado para que recuperen la salud**, que entonces ya se encargarán ellos de ponerse al día.

—¿Qué le estás dando?

—Líquidos, sobre todo. Zumos, caldos con pasta, algún yogur, un poco de pescado... es lo único que acepta. Y mucha agua, eso sí.

—Justo lo que yo te habría recomendado.
—A mí me parece poco.
—Te creo. Pero eso es harina de otro costal.

No obstante, a veces es realmente poco. Las llamadas «infecciones de vías respiratorias altas» (resfriados, anginas, otitis...), plantean un problema especial, porque la pérdida del olfato, los vómitos provocados por la tos e incluso el efecto de algunos medicamentos utilizados en su tratamiento, pueden agravar la falta de hambre y comprometer la nutrición de los niños cuando estos procesos se repiten tan continuamente como a menudo sucede. Este asunto, así como el conflicto del niño que deja de comer por celos, se abordará al final del libro, en unas páginas dedicadas a estas y otras situaciones particulares. Aquí resta aún una última pregunta ante el niño que, de verdad, siempre come poco.

¿COME POCO, O *ES* DE POCO COMER?

Si su hijo no alcanza ni los mínimos recomendados (y no es que pierda el apetito al estar enfermo o exprese así sus celos, ni que tenga temporadas, ni que abuse de unos alimentos y rechace otros), es muy probable que se mantenga en usted una media sonrisa, entre amarga y escéptica, nacida con los primeros párrafos del capítulo. Porque la lectura de los menús allí propuestos ha venido a confirmarle la realidad de un problema que le parece irremediable. Y sin duda, el pediatra se habrá asegurado de que su inapetencia no sea debida a una enfermedad oculta, especialmente si la altura o el peso del niño no son tranquilizadores, pues, aunque bastante raro, no es imposible que algún trastorno crónico se manifieste con ese único síntoma. Pero una vez descartado esto, ¿si no le sucede nada, por qué come tan poco?

Sólo existen dos posibilidades. La primera es que el pequeño sufra a pesar de todo una auténtica enfermedad llamada «**anorexia simple**» o «**anorexia psicoafectiva**», una alteración psicológica **provocada por la desmedida ansiedad de los padres en torno a la alimentación y el peso del hijo, las tremendas presiones que ejercen para hacerle comer más, o un ambiente familiar perturbado** por ese mismo u otros motivos, ante todo lo cual el niño reacciona comiendo realmente menos de lo que debe.

Dependiendo de la causa, puede ser más o menos grave y difícil de remediar, pero muchos casos se evitan con un poco de información y algo más de reflexión, como la que ofrece y espera suscitar este libro. En los restantes, la principal carencia que afectará al pequeño, no será, lamentablemente, de tipo nutritivo.

La segunda posibilidad es que sencillamente ese niño necesite menos que la mayoría. También hay adultos que parecen vivir del aire. Es obvio que todos somos distintos, y **algunas personas obtienen un rendimiento extraordinario de los alimentos**. Más que comer poco, *son* de poco comer. Pero es que, además, **las cantidades recomendadas por los especialistas, se calculan generosamente, añadiendo un 30 y hasta un 50% a lo que se necesita por término medio para mantener una buena nutrición y una actividad física normal.** Con ello se pretende satisfacer los requerimientos de los individuos situados en el polo opuesto, es decir, los que no queman tan bien el combustible, y así no quedarse cortos con ninguno.

Esto significa que bastantes críos pueden gozar de buena salud y crecer adecuadamente comiendo menos de lo que se ha detallado antes. Su naturaleza lo permite, porque **han heredado esta capacidad de economizar recursos.** Por eso sus abuelas aún no se explican cómo el padre o la madre salió adelante a pesar de todo, por lo visto, con éxito. Y la historia tiende a repetirse.

ALGUNOS NIÑOS CRECEN PERFECTAMENTE SANOS
COMIENDO MENOS DE LO QUE SE RECOMIENDA EN GENERAL
PARA ASEGURAR LA BUENA NUTRICIÓN DE TODOS

Cuando un automóvil, más grande o más pequeño, marcha de maravilla, no sólo no preocupa su bajo consumo de gasolina, sino que se suele presumir de ello o, en todo caso, es un alivio para la cuenta corriente. Los hijos no llevan velocímetro, pero los ojos son el mejor indicador de su salud. Y si la estatura y el peso son razonables, come poco pero de todo, y el pediatra lleva siglos repitiendo que va bien, incluso podríamos pensar en lo que ahorramos, o al menos no sufrir porque pase con medio plato.

—Claro que si comiera un poco más, quizá sería más alto o no se le verían tanto las costillas...

—No lo creo. Pero eso merece hacer punto y aparte.

SI COMIERA UN POCO MÁS...

Cuando las gráficas de peso y altura demuestran que las medidas del niño están proporcionadas y son, además, superiores a la media, los padres experimentan una sensación de satisfacción, alivio o incredulidad, según crean que está comiendo bien, regular, o mal: satisfacción, porque le luce lo que come; alivio, al comprobar que el pediatra tiene razón, y eso que parece poco le basta; incredulidad, cuando realmente come menos de lo recomendado... ¿es posible engordar y crecer con tan poco, agotando de paso a cualquiera que pretenda seguir su ritmo?

Aunque en estos casos todavía cabría preguntarse si comiendo más podrían ir aún mejor (o resfriarse menos), hay otros tantos en los que los números no caen por encima, sino por debajo de la fatídica línea central de las curvas. Y lógicamente, cuanto menos comen y más alejado está su peso o altura de lo «normal» para su edad, mayor es la preocupación por su salud en general y por su alimentación en particular. Pero si, además, se trata de un mocoso que hace honor al apelativo y, cuando no tose ni tiene anginas, es porque está esperando al fin de semana para que le suba la fiebre, a nadie debe extrañarle que sus padres pidan algo que le abra el apetito, a ver si en vez de tantos microbios coge así algunos gramos. Porque, si comiera un poco más...

¿YA PESA LO NORMAL?

En determinadas circunstancias, se tiene muy presente que **una cosa es lo normal y otra el término medio,** como, por ejemplo, cuando las estadísticas afirman que pasamos tres horas diarias ante el televisor, o que cada pareja tiene 1,4 hijos. En cambio, es fácil confundir ambos conceptos, especialmente si el hecho de no coincidir con el promedio supone o es interpretado como un perjuicio.

Cuando el pediatra registra y compara el peso del niño en una gráfica adecuada, está precisando el lugar que ocuparía entre cien compañeros de su misma edad ordenados según la báscula. Obviamente sólo uno de cada cien estará exactamente en el centro de la fila, y desde luego, no será el único cuyo peso sea normal. En realidad, resulta inevitable que la mitad de los niños normales pesen (o midan) menos que la otra mitad. Y tan normal es ser el décimo por la cabeza, como el décimo por la cola en un pelotón. Otra cosa es que el puesto agrade más o menos.

Por definición, la mitad de la población está por debajo de la media (en peso y en todo)

En principio, se considera normal cualquier valor que sitúe al niño entre el puesto 3 y el 97, y sólo pesarían menos (o más) de lo así aceptado como normal los tres últimos (o primeros) de esa hipotética fila. Lo cual tampoco quiere decir que ellos y sólo ellos tengan problema alguno, pues ni son todos los que están, ni están todos los que son, entre otras cosas, porque **el peso no puede valorarse sin tener en cuenta la altura:** Aquel niño que en la fila ordenada por peso ocupaba el lugar central, puede estar francamente delgado si ordenándola por altura destaca entre los primeros, mientras que uno de los de menos peso quizá esté gordo si queda todavía más retrasado en esa segunda fila. Dicho de otra forma, es posible que un peso muy «normal» resulte escaso para un mucha-cho alto, y que pesando menos que la media, sobren kilos cuando se es más breve que leve.

Y aun más: pesar menos de «lo que toca» para la altura, tampoco implica necesariamente que sea menos de «lo normal», porque **también la relación entre peso y talla tiene unos márgenes de normalidad relativamente amplios, y hay que considerar ade-más otros factores.**

En efecto, un niño con un peso muy acorde a su altura, podría estar delgado, y otro al que teóricamente le faltasen kilos, tener un estado nutritivo perfecto, porque estos números no dicen nada de su complexión. Si el primero tiene una gran masa muscular y es ancho de espaldas, pesando incluso más de lo que le corres-ponde por su altura, es posible que esté tan delgado como Sancho Panza tras unos días de ayuno. Y si el segundo es poco muscula-do y de huesos finos, quizá no le falte ni un gramo, como a Don Quijote en sus mejores momentos. Así pues, **el peso tampoco pue-de valorarse olvidando la constitución que se ha heredado.**

Por otro lado, más que el peso o altura en un momento dado, interesa **su evolución,** porque un aumento de peso adecuado y una mirada viva, valen más que muchos análisis para saber que las cosas van bien, y a la inversa, algunas enfermedades se detectan gracias a que el niño ha perdido peso o no ha ganado lo que debía, aunque raras veces sea ese único síntoma.

Es evidente que, entre un niño cuyo peso y altura quedan toda-vía por encima de la media, pero que en el último año no ha gana-do ni crecido nada y otro que, más menudo y bajo, sin abandonar su modesta posición en la fila ha seguido sumando kilos y centí-metros, es el primero quien antes debe preocupar, pues, sin la menor duda, algo está afectando su nutrición.

Todo esto resulta obvio, pero lo cierto es que la famosa línea media se identifica a menudo con lo normal, como si fuera una meta... a la que no llegarán la mitad de los críos, a pesar de estar tan sanos o más que la otra mitad. Con la mejor intención, se les presiona o se sufre inútil e innecesariamente por culpa de un par de cifras mal entendidas, o por tener un aspecto que, arbitrariamente, tampoco se considera «normal».

¿NO ESTÁ MUY DELGADO?

Cuando realmente lo están, el pediatra descarta cualquier enfermedad aunque no existan otros síntomas o signos sospechosos. Pero no siempre le es necesario recurrir a análisis y pruebas especiales:

—Todo lo pone en crecer. No me gustan los niños gordos, pero cualquiera que lo vea desnudo, pensará que lo matamos de hambre. Se le marcan todos los huesos. Y mira qué piernecillas.
—No conozco al padre...
—Una espingarda. Los dos somos de buen comer, y a mí ya se me nota, pero mi marido puede permitirse el lujo de pasarse todo lo que quiera y más, sin ganar un solo gramo.

Es decir, igual que su hijo, que está comiendo razonablemente bien, y no engordaría ni cebándolo como a las ocas. Un niño puede *estar* delgado si come menos de lo que necesita o padece alguna enfermedad, pero quizá *es* delgado porque le ocurre lo contrario que a los obesos: no guarda nada de lo que no consume.

En nuestro idioma distinguimos entre el «estar» y el «ser». Estar alegre, o triste no es lo mismo que ser alegre o triste. Estar enfermo es muy distinto de ser un enfermo. Y una cosa es estar delgado y otra serlo.

NO ES LO MISMO ESTAR DELGADO
QUE SERLO POR NATURALEZA

Los adultos sabemos muy bien que **ser delgado por constitución es una ventaja**. Aunque también tiene un par de inconvenientes. El primero, que al poder comer sin temor a la báscula, se corre el riesgo de cometer excesos que de momento pasan desapercibidos, pero que a la larga pueden pasar factura. Y el segundo, que acumular pocas reservas limitaría la capacidad de sobrevivir en tiempos de carestía.

Yo también sé refranes: «El flaco, cuando no es de hambre, es resistente como un alambre». Y la flaca, claro

—¿Y si coge alguna enfermedad grave, no la superaría mejor si estuviera menos delgado?

—Es delgado, pero está perfectamente nutrido. En cualquier caso, es su naturaleza, y contra eso no hay nada que hacer.

La ventaja es que se libran de todas las complicaciones que acarrea la obesidad, y los padres son actualmente mucho más consciente de ello.

—Tampoco quiero que esté gordo, claro, pero si comiera un poco más... Hace un año tuvo una temporada muy buena y aumentó un kilo en tres meses.

—¿Ganó peso porque comía más o comió más porque debía ganar peso?

—Menudo jaleo... Esto es como lo del huevo y la gallina.

No todos los niños engordan al comer más de lo que deben. Pero si ganan peso cuando espontáneamente les aumenta el apetito, es porque su organismo ha creído llegado el momento de dar un estironcito a lo largo o a lo ancho (o recuperar lo perdido durante una enfermedad) y ha dado las órdenes oportunas. Que no siempre se mantienen en vigor tanto tiempo como desearían los padres.

—Me gustaría verle más llenito. Estaría más tranquila. Y tampoco me apetece mucho que el día de mañana sea tan esmirriado... Ya entiendo que ha salido a su padre, pero...

A pesar de todo, es lógico preocuparse por la salud de un niño delgado. Pero si el pediatra da el visto bueno, esa constitución sólo puede comprometer su futuro cuando no es respetada, y el inútil empeño de cambiarla, lleva a convertir la hora de la comida en un conflicto del que nadie saca nada bueno.

¿PODRÍA SER MÁS ALTO?

Aunque es más complejo y delicado crecer que engordar, la mala nutrición de los niños repercute antes en su peso, y sólo cuando se prolonga acaba por afectar también al crecimiento. Por eso mismo y por ser más estable, la talla es una gran ayuda para interpretar el significado de una pérdida de peso. Así, un chico puede adelgazar durante el verano, pero si ha crecido bien, seguramente sólo ha perdido algunos michelines que le sobraban gracias al ejercicio. Igualmente, cuando la revisión coincide con uno de los procesos diarreicos que tan a menudo afectan a los más pequeños, la altura nos informa mejor de su evolución desde la última visita, porque durante las gastroenteritis es normal perder peso, pero encogerse, los críos nunca se encogen.

Una buena curva de crecimiento es pues muy tranquilizadora. Sin embargo, hay que comer realmente mal para no crecer adecuadamente por eso, y a la inversa, por mucho que se le sobrealimente, un niño no será más alto de lo que está previsto en sus genes.

LA HERENCIA LIMITA LA ALTURA MÁXIMA QUE SE PUEDE ALCANZAR

Como sucede con tantas otras cosas, nacemos con una capacidad de crecimiento limitada, que podrá o no desarrollarse plenamente dependiendo de que otros factores lo permitan o impidan. **El afecto, la vida sana al aire libre, el ejercicio, el sueño tranquilo, y una alimentación correcta, influyen positivamente**, pero un vaso, más grande o más pequeño, nunca contendrá más líquido del que le cabe. Por eso, la talla ha ido aumentando de generación en generación y sigue haciéndolo en muchos países paralelamente a la mejora de las condiciones de vida, mientras que en los que gozan de un buen nivel desde hace tiempo, ya ha llegado a su techo.

El crecimiento puede alterarse por una gran variedad de trastornos (que generalmente se manifiestan por otros síntomas y signos más aparatosos, aunque en algunas ocasiones se descubren precisamente gracias a los controles rutinarios de altura). El hambre que sufre medio mundo es uno de ellos, pero **si un niño sano sigue una dieta equilibrada, no va a ser más alto por comer más de lo que necesita**. Y es verdad que cuando un crío sobrealimentado empieza a engordar también gana altura, pero su talla final será la misma, pues ya se sabe que no por mucho madrugar amanece más temprano.

Dicho esto, también es natural que los padres de un niño no demasiado alto, tengan un motivo más para preocuparse por su alimentación. Desde luego, es el pediatra quien debe confirmar si tanto su talla como su nutrición son, a pesar de todo, «normales», pero los siguientes párrafos pueden disipar ya alguna inquietud.

La herencia determina la altura máxima que los hijos pueden alcanzar. Y aunque es cierto que también influye la de los abuelos, cuanto más alejado sea un familiar, menos posibilidades hay de que sus hechuras se reflejen en las del niño, y por lo tanto, es más fácil que salga a sus padres, que a cualquier otro pariente. Por eso, lo más normal es que la altura del hijo sea la media de la de sus progenitores. Pero, hoy por hoy, los hombres miden un promedio de trece centímetros más que las mujeres y, por tanto, esa cifra debe añadirse a la talla materna si el hijo es niño, o restarse de la paterna, si es niña, para calcular la llamada «Talla diana».

Talla diana

Niños

$$\frac{\text{Talla del padre} + \text{Talla de la madre} + 13}{2}$$

Niñas

$$\frac{\text{Talla del padre} + \text{Talla de la madre} - 13}{2}$$

Si alguien tuviera cien hijos (y aún le quedaran ánimos para andar haciendo números), comprobaría que el promedio de altura que alcanzaban, coincidía con lo pronosticado por la fórmula (suponiendo que, además, hubiera sido capaz de criarlos adecuadamente), y que noventa de sus vástagos medirían lo previsto, con un margen de error de cinco centímetros. En la práctica, se puede afirmar que sólo una de cada diez parejas que prueben la fórmula y admitan un error de cinco centímetros arriba o abajo, tendrá derecho a creer que todo esto son cuentos.

Por eso, lo primero que se hace ante un niño con talla baja, es mirar a los padres y preguntarles por la suya (o casi mejor, comprobarla, porque es casi universal la tendencia a atribuirse uno o dos centímetros más de la cuenta), para calcular la «talla diana» del hijo y ver si su curva de crecimiento acaba o no cerca de ese objetivo.

Pongamos, por ejemplo, un crío que a los 8 años mide 115 cm. Es bajito, y de seguir en ese nivel, la curva nos indica que alcanzará unos 164 centímetros. Si los padres miden 157 y 155 cm, su diana es 162,5 cm (157 + 155 + 13 = 325; 325 / 2 = 162,5), y aceptaríamos como normal que llegara a medir entre 157,5 y 167,5 cm. Va, pues, bien encaminado, y, por tanto, no hay motivo para pensar que no está creciendo (ni comiendo) lo que debe. Es bajo por herencia, y punto.

—Ojalá fuera más alto...

—Al margen de otras consideraciones filosóficas, hay tres premios de consolación: Primero, que siempre es posible que vuestro hijo sea la excepción que confirme la regla. Segundo, que la naturaleza practica una cierta justicia social, y poco a poco, nos va igualando: los hijos de la gente altísima son altos, pero menos que sus padres, mientras que los de los bajitos, no serán gigantes, pero suelen ser más altos que ellos. Y tercero, que seguramente va a hacer más deporte y a estar aún mejor cuidado y alimentado que vosotros, lo cual le permitirá crecer lo máximo, siempre que las peleas por culpa de la comida no le fastidien la infancia, y de propina, el crecimiento.

Hay otra situación, algo complicada, pero muy frecuente e interesante, que aparece a menudo al examinar los niños cuya altura, por el contrario, apunta por debajo de la diana, o lo que es lo mismo, es inferior a lo que cabría esperar dada la de sus padres. Supongamos una niña de siete años que apenas mide 110 cm, altura por debajo de lo que consideramos límite inferior de la normalidad. Aunque debe ser estudiada, pues es posible que tenga un problema, no debe olvidarse que un 3% de niñas y niños completamente sanos y normales están en su misma situación. Pero lo preocupante del caso es que las curvas nos muestran que, de seguir igual no pasará de los 148 cm, cuando su diana es 154. Y sus padres, que son bajos, pero no tanto (162 y 159 cm) están lógicamente alarmados. Una sencilla pregunta dirigida a la madre basta a veces para empezar a ver la luz.

—¿A qué edad tuviste la primera regla?
—Tardé un poco..., ya había cumplido los catorce.
—Pues tranquila. Voy a pedirle una radiografía de la muñeca izquierda, y quizá con eso será suficiente, porque por lo demás, la veo muy bien. Seguramente es una niña tortuga.
—¿La mano izquierda? ¿Tortuga?

Aunque es muy dudoso que el futuro pueda adivinarse en las rayas de la mano, sus huesos sirven realmente para pronosticar la altura. Si se confirman las sospechas del pediatra, la radiografía demostrará que su muñeca es como la de una niña de cinco o seis años, cuando ella tiene siete, y comparada con niños de esa edad, su altura es muy razonable. Es lenta, y por eso va tan retrasada de talla, pero tendrá la pubertad más tarde, como le ocurrió a su madre, y dispondrá de más tiempo para crecer. Este llamado «retraso constitucional del crecimiento y la pubertad», relativamente común, suele ser hereditario. El padre o la madre, y a veces ambos, son ahora más altos que algunos compañeros de clase que entonces les pasaban un palmo, porque su edad biológica era menor que la de ellos. Y por eso iniciaron la pubertad más tarde de lo habitual.

—Aun así, no va a llegar a la media...

—De tal palo tal astilla.

—Pero los niños son ahora mucho más altos.

—En promedio. Me temo que sólo te estás fijando en los que destacan por arriba. En cualquier caso, cualquier día de éstos puede cambiar la moda. En algunos países, muchas niñas se están medicando para no crecer tanto, porque los caballeros las prefieren rubias o morenas, pero menos altas. Sin comentarios.

—Lo mismo digo, aunque ése no va a ser su problema.

—No tendrá ningún problema si le explicamos lo que le ocurre: no es pequeña, sino que va despacio, y de mayor será de lo más normal. Pero si te ve agobiada por su altura o la castigas por no acabarse la tonelada de carne...

—¿Come poco porque es pequeña, o es pequeña porque come poco?

—Vaya... En su caso, sin la menor duda lo primero. Aunque no come poco: le pones demasiado, a ver si cuela y así crece más. Pero amargándole la vida, de paso, quizá logres que no llegue a ser todo lo alta que puede.

A veces se dice, un poco irónicamente: «Este niño no crece de lo malo que es» o «de los nervios que tiene». Hay algo de verdad en eso, pues algunos pequeños no crecen por falta de afecto, por abandono, o porque se les transmite una ansiedad desmesurada. Y aunque no se pueda vivir de ella, la felicidad también hace crecer.

¿ESTARÁ BAJO DE DEFENSAS?

Sin duda alguna, las personas desnutridas son más propensas a sufrir infecciones, que, además, en ellas adquieren mayor gravedad. Pero, en nuestro medio, la desnutrición sólo aparece en casos de malos tratos, graves enfermedades crónicas y problemas de tipo psiquiátrico, como la sumisión a sectas que imponen restricciones absurdas o la anorexia nerviosa. Con estas excepciones, más o menos delgados y comiendo mejor o peor para el gusto de sus padres, los niños del primer mundo no padecen desnutrición ni ninguna de sus consecuencias. Sin embargo, su alimentación no siempre es correcta, y la carencia de hierro o de otros minerales y vitaminas, puede manifestarse precozmente por un aumento de la susceptibilidad a contraer infecciones, pues el sistema defensivo, igual que cualquier ejército, requiere hallarse bien abastecido en calidad y cantidad para rendir plenamente.

Por eso, la nutrición es uno de los aspectos que el pediatra valora cuando un chiquillo parece estar sufriendo más infecciones de la cuenta. Pero evidentemente, **comiendo más de lo necesario no se evita ni una sola infección**, como tampoco se logra medir ni un centímetro más (de altura). El problema es que algunos niños fabrican tantos mocos y tienen fiebre tan a menudo, que los padres ya no saben hasta qué punto entra eso dentro de lo normal.

—Es que no paramos. Y ahora la varicela.

—Hoy por hoy, todos la han de pasar, de modo que no pongáis esa enfermedad en el «debe» del niño.

—Pero si no es eso. Empalma un resfriado con otro, y en cuanto en la guardería nos avisan de que hay dos casos de diarrea o un crío con cualquier virus, ya nos echamos a temblar, porque no perdona ni uno. ¿No puede ser que esté bajo de defensas?

—Si así fuera, seguramente no se conformaría con resfriarse, sino que cogería infecciones más graves. A mí me parece que está teniendo los problemas normales.

—¿Y no sería mejor hacerle unos análisis para estar seguros?

—Ni uno más ni uno menos de los que sean necesarios. Es decir, por el momento y según mi criterio, ninguno. Porque lo que le sucede es normal a su edad.

—¿Es normal que siempre esté con mocos?

—Si se les llama mocosos, por algo será. Y mientras la cosa no pase de ahí, ya podemos darnos por satisfechos.

Durante su primer año de guardería o parvulario, los niños sufren un proceso infeccioso cada quince o veinte días por término medio. Pero mientras que algunos privilegiados los van superando con escasísimos síntomas y pasan de puntillas ese período, la mayoría no tiene tanta suerte, y los hay que conocen bastante más al pediatra que a su señorita. Y cuando estas diferencias se producen entre compañeros de pupitre (sometidos a las mismas normas de higiene y expuestos a los mismos microbios), es lógico que los padres de los damnificados piensen que la naturaleza no ha sido justa a la hora de repartir defensas. O quizá tenga razón la abuela, y la culpa es de ellos por dejarle andar descalzo, abrigarle poco, **abrigarle demasiado** (porque luego suda y es peor), permitir que le lleven a la piscina y, casi siempre como principal argumento, por no hacerle comer más.

Respecto a la primera posibilidad, son poquísimos los bebés que nacen con alguna de las «inmunodeficiencias» popularmente conocidas como «falta de defensas», y aunque una de las menos raras puede manifestarse efectivamente por la mayor tendencia a presentar catarros y diarreas, las más lo hacen con infecciones muchísimo más graves y peligrosas. Por otro lado, producir ingentes cantidades de moco o ponerse a cuarenta por menos de nada, no es una muestra de flaqueza por parte del sistema defensivo sino más bien de todo lo contrario: la fiebre, como un toque a rebato, y los mocos, como vehículo de células y factores del sistema inmune, forman parte de la respuesta defensiva, y el problema de esos niños es que reaccionan de forma desmesurada, movilizando toda su artillería para destruir microbios que con mucho menos ya serían eliminados; algo parecido a lo que sucede en el asma, tan frecuente en la infancia, que tampoco es debido a falta de defensas sino a una respuesta exagerada o anormal ante diversos estímulos.

En ocasiones, el fallo no radica en la cantidad sino en la calidad, pues sin carecer de ninguno de los elementos que lo integran, el grado de eficacia del sistema defensivo de cada persona viene determinado por la herencia y se halla expuesto a la influencia de múltiples circunstancias. Lo cual no sólo se refiere a sus elementos más sofisticados, como los anticuerpos, sino también a mecanismos muy sencillos pero fundamentales. Por ejemplo, la piel ejerce una función de barrera, de cuya importancia da medida el gravísimo problema que suponen las infecciones en los quemados. Y entre los niños que padecen excesivas infecciones de vías respiratorias, lo que suele hallarse mucho más frecuentemente alterada, no es la producción de anticuerpos, sino la integridad de la «piel» que tapiza dichas vías, «quemada» silenciosamente por el humo de tabaco que se ven obligados a respirar, ya que, en esas condiciones, los microbios encuentran muchas facilidades para adherirse, penetrar y proliferar en ellas.

Hay otros muchos factores, constitucionales y ambientales, capaces de justificar que un crío sufra mayor número de infecciones, o que le causen más molestias y complicaciones que a otros. Comer poco (problema de medio mundo) o mal (frecuente en el otro medio) es sólo uno de ellos, y una alimentación guiada por los sencillos principios expuestos en el anterior capítulo, basta para que el sistema inmune funcione bien, o mejor dicho, todo lo bien que pueda.

UNA ALIMENTACIÓN VARIADA, EQUILIBRADA,
Y SUFICIENTE ASEGURA AL SISTEMA DEFENSIVO
TODOS LOS NUTRIENTES QUE REQUIERE

De hecho, los niños que «lo pillan todo» no suelen presentar carencias nutritivas que lo expliquen, y muchos de ellos están sobrealimentados. De modo que, si el pediatra aprueba la dieta y ratifica el buen estado nutritivo de un pequeño que realmente se está mostrando demasiado vulnerable ante los microbios, ni el fallo ni el remedio se hallarán en ese terreno.

—¿Y la jalea real?

—Desde luego, no recuerdo haber oído estornudar nunca a una abeja reina, y la jalea real debe ser tan buena para ellas como la leche materna para los bebés. Por lo demás, los catarros y sus consecuencias, ya habrían desaparecido del mapa, si tomando cualquier producto, natural o artificial, se evitaran de verdad.

—Pero ¿y al revés? Porque quizá le estoy dando hay algo que le perjudica... He oído decir que la leche hace mocos.

—Yo también, y no estoy muy seguro de dónde ha salido esa idea, pero sin la menor duda, es otra de las muchas culpas que se atribuyen gratuitamente a la leche. La leche no «hace mocos»: hace crecer a los mocosos, que no es lo mismo.

Como tantas creencias populares, ésta también deriva de una generalización errónea. Consumir demasiados productos lácteos en detrimento de alimentos de los otros grupos, puede conducir a una falta de hierro y a otras carencias que afectan al sistema inmune, pero, obviamente, si el niño tiene entonces más mocos, no es por culpa de la leche que le sobra, sino por lo que falta en su dieta.

En cuanto a la jalea real o a cualquier alimento o elemento pretendidamente dotado de fantásticas propiedades, conviene tener presente que una sustancia nutritiva sólo puede tener tan maravillosos efectos cuando la consume quien carecía de ella, lo que no le ocurrirá a una persona sana normalmente alimentada. Necesitamos vitamina C y todas las vitaminas, así como hierro, magnesio y otros muchos elementos químicos, y también hay componentes esenciales en las proteínas y grasas, e incluso la naturaleza de estas últimas influye en la respuesta defensiva. Sin embargo, **no hay ninguna panacea, y la forma más sensata de asegurarse un**

buen aporte de todas esas sustancias (y de las que en el futuro se

descubrirán como importantísimas) es cuidar la calidad, variedad y equilibrio de la alimentación.

—Facilísimo. Darle de todo, y así quizá se acatarrará menos. Pero ¿cómo lo hago, si cuando está con mocos todavía come peor?

—Come mal al estar resfriado, y se resfría más al comer mal... Visto de ese modo, parece un círculo vicioso sin remedio, pero no es así. Ni come tan poco, ni su sistema defensivo fallará tan fácilmente porque durante unos días coma menos de lo habitual. Lo más delicado quizá sea el hierro y las vitaminas de la fruta. ¿Qué tal vamos de eso?

—Pues no muy bien. La carne la va tomando..., pero fruta, a duras penas algún zumo.

—¿Y ensaladas, lechuga, tomate, zanahoria...?

—Ni en pintura.

—Entonces, creo que le voy a recetar unas vitaminas.

—Milagro.

—Las puede necesitar si lleva tanto tiempo sin tomar fruta ni vegetales crudos, y es posible que...

—Es igual, es igual. Estaba deseando darle algo para que comiera más.

—No es eso, pero bueno.

El objetivo de un determinado suplemento de vitaminas, no es aumentar el apetito, sino prevenir o remediar los problemas que aparecen cuando, por el motivo que sea, la dieta habitual carece de ellas. Y antes de que los repetidos catarros de vías altas lleguen a afectar la nutrición, muchos pediatras optan por recomendar un preparado polivitamínico, que, entre otras cosas, impida que el sistema inmunológico se debilite por algo tan fácil de evitar. Tomándolo, el mocoso quizá lo sea menos y coma más... o ni una cosa ni la otra, pues, en principio, unas vitaminas sólo pueden solucionar un problema en la misma medida en que sea su carencia la responsable de él. Y pocas veces es ésa la principal causa de que algunos críos se resfríen más y/o coman menos de lo que deben.

¿NO CONVENDRÍA DARLE ALGO PARA ABRIRLE EL APETITO?

En condiciones normales, **no sería necesario ni conveniente estimular a un niño sano para hacerle comer más de lo que desea**. Pero, más o menos justificadamente, el hecho es que muy a menudo se usan vitaminas y medicamentos con esa pretensión. Y aunque frecuentemente fracasan, también hay ocasiones en las que su efecto supera las previsiones más optimistas, lo cual es evidentemente publicado a los cuatro vientos, contribuyendo a mantener su fama y a que sigan siendo solicitados y administrados, con receta o sin ella.

—Le han ido de maravilla. El primer día comió ya estupendamente, y hasta hoy. Casi no me lo puedo creer. Estoy encantada.

—Yo tampoco..., también me alegro, claro, pero no creo que el éxito se deba propiamente a lo que le receté.

—¿No? Pues entonces habrán sido las bolitas... Sí, bueno, es que en la farmacia me hablaron de un producto homeopático, y como todo eso es inofensivo...

—Vaya por Dios. Inofensivo e inútil. Y no es que no crea en esas cosas, sino que me parecen un camelo muy bien organizado, pero en fin. En este caso, también pueden haber ayudado.

—¿En qué quedamos?

—La fe mueve montañas.

—Ya. La sugestión y todo eso. Pero la que puede poner mucha ilusión en las bolitas y sugestionarse soy yo, y el que come mejor es mi hijo.

—Que se sienta a tu lado, y al que transmites tu ansiedad o tu optimismo. Y eso influye en el apetito.

Al margen de sus efectos propios, los productos o actos terapéuticos ejercen lo que conocemos como «efecto placebo», pues en mayor o menor grado, los factores psicológicos intervienen en todas las enfermedades y problemas, y si un dolor de cabeza puede desaparecer cuando el sufriente se entera de que le ha tocado el gordo de la lotería, la intervención médica, por sí misma, supone siempre un alivio. Por eso la muela parece molestar menos al poco de haberse tomado un antibiótico que tarda bastante más tiempo en eliminar los microbios que la infectaban, por eso no es sencillo valorar el efecto real de un medicamento, y por eso **cualquier producto en cuya eficacia se crea, puede hacer que un niño coma mejor**, sobre todo teniendo en cuenta que el problema planteado alrededor de la mesa tiene mucho de guerra de nervios, y que la actitud de los contendientes puede variar cuando uno o ambos piensan que la paz se halla ya cerca.

—Bueno. El caso es que ya no tengo que pelearme con él. Y hasta fruta me come, con lo que la odiaba antes.

—Seguramente porque al estar más tranquila has dejado de intentar obligarle. Un poco para eso le mandé las vitaminas.

—¿Para que yo...? Cada vez entiendo menos. ¿Y el *Comeplus forte*, también era para tenerme contenta?

—No. Ese jarabe lleva una sustancia llamada «ciproheptadina» que ha servido para tranquilizarle a él.

Siendo la principal y casi exclusiva fuente de las vitaminas que se alteran por la acción del calor, el grupo formado por las frutas y los vegetales que se consumen crudos es quizá también el que más a menudo rechazan los niños de forma global, corriendo el riesgo de no cubrir sus necesidades de esas sustancias, por definición, imprescindibles para la vida.[1] El remedio ideal es, claro está, lograr que tomen frutas y ensaladas, pero inicialmente suele ser preferible soslayar su fobia, dándoles un preparado farmacéutico con dichas vitaminas, pues, como se verá, todo vale (casi) con tal de olvidarse de discusiones a la hora de las comidas.

Por tanto, y además del efecto placebo que todos los medicamentos poseen, el uso de suplementos de vitaminas puede ayudar a la hora de las comidas, serenando el ambiente al garantizar que, por muy mal que coma el niño, al menos por ahí, no va a fallar. Y con buen humor, todo sabe mejor. Finalmente, **cuando un niño sigue una dieta que no le aporta todas las vitaminas que requiere resulta imprescindible administrárselas con un preparado farmacéutico** para que su organismo disponga de ellas y, si es el caso, desaparezcan los síntomas que hubiera ocasionado su falta: entre los cuales, además de los propios y más específicos de cada una de ellas, se incluyen manifestaciones comunes y generales, como la pérdida de apetito, que sólo en estas circunstancias podría verdaderamente recuperarse gracias a la acción medicamentosa (no psicológica) de las vitaminas.

LAS VITAMINAS SÓLO PUEDEN ABRIR EL APETITO A QUIEN CAREZCA DE ELLAS

Pero es que, en dosis superiores a las necesarias, no aumentan la salud ni el apetito, y debe desterrarse la idea de que nunca hacen daño, pues, **además de inútil, el exceso de vitaminas puede ser perjudicial**. Algunas son francamente peligrosas y es mejor considerarlas a todas como auténticos medicamentos, cuya administración ha de ser supervisada por el pediatra. Y lo mismo vale,

---

1. Aunque lo mismo podría decirse de cualquier vitamina, las otras se hallan ampliamente repartidas en alimentos de distintos grupos, y es más difícil que los niños lleguen a carecer de ellas a causa de sus manías. En cambio, algo similar ocurre con el hierro, cuando es la carne la rechazada.

con mayor motivo, para cualquier producto farmacológico que estimule el apetito.

Porque, haberlos, los hay. Aunque, lamentablemente (o todo lo contrario, si bien se piensa), los fármacos que aumentan la sensación de hambre tienen otras acciones que, cuando menos, limitan su utilización rutinaria; de modo que el pediatra no puede solucionar de un plumazo el deseo de los padres que piden «algo para las ganas de comer». En este sentido, resulta muy didáctico lo sucedido con la ciproheptadina. Ese medicamento pertenece a una de las familias de antihistamínicos y, como tal, su objetivo inicial era aliviar el picor y los estornudos en pacientes alérgicos. Pero al estudiarla en la práctica, se vio que aumentaba el apetito, y lo que en principio era un efecto secundario, se convirtió en su indicación principal. Ahora bien: muchos especialistas creen que si hace comer más a los niños, es por su acción sedante (inconveniente típico de ese grupo de fármacos), que al atontarles permite vencer fácilmente su rechazo..., lo cual no parece un método demasiado razonable de afrontar el problema (aunque algunas madres hacen algo parecido con los bebés, aprovechando su sueño para endosarles un biberón). No obstante, la ciproheptadina fue ampliamente utilizada durante bastantes años, hasta que distintos estudios advirtieron de los efectos negativos que su uso prolongado podía tener, precisamente, sobre el crecimiento y desarrollo infantil...

En definitiva, las vitaminas y los estimulantes del apetito, **pueden formar parte del tratamiento de los críos que comen verdaderamente mal o menos de lo necesario, pero nunca como único remedio (que no lo son) y siempre bajo supervisión médica.** Respecto a los niños sanos, cuidando la calidad, equilibrio y variedad de la dieta, no tiene el menor sentido pretender que coman más de lo que su propio organismo decida, ni con medicamentos, ni utilizando uno de los innumerables (y a menudo intolerables) métodos de persuasión. Que también merecen capítulo propio.

LA VERDADERA UTILIDAD DE LOS CLÁSICOS MÉTODOS PARA HACERLES COMER

Si se acepta que un niño sano sólo pasa hambre cuando no encuentra con qué saciarla, y que comiendo de más no va a ser más fuerte, ni más alto, ni a enfermar menos, parece una pérdida de tiempo discutir a estas alturas de la utilidad o inutilidad de las mil y una tácticas seguidas por los padres que, creyendo lo contrario, se empeñan lógicamente en la muy ardua (por no decir imposible) misión de lograr que abran la boca primero, que traguen después, y que no acaben luego vomitándolo todo.

No obstante, vale la pena analizar ese comportamiento, porque la carne es débil, y si el hijo es de los que tiene suficiente con los 30 gramitos, o está pasando una de esas rachas en que les da por dejar la mitad de todo, o el nacimiento del deseado hermano no parece haberle sentado muy bien a su estómago, es difícil no intentar materializar el irresistible deseo de hacerle comer más. Y luego, tenemos las manías y caprichos que les llevan a rechazar sistemáticamente cualquier alimento nuevo o a detestar hoy lo que adoraban ayer, ante lo cual es humano reaccionar presionándoles de una forma u otra.

Desde el más o menos suave «venga, come otro poco más» hasta auténticas brutalidades (sólo comprensibles, que no justificables, por la exasperación de los padres), pasando por pacientísimas artes de seducción e ingenuas triquiñuelas, se prueban los métodos más inimaginables, aunque la experiencia demuestre reiteradamente que, ante la negativa del niño, no hay estrategia que valga. Pero el hombre es el único animal que tropieza dos veces con la misma piedra, y en vez de tomar ejemplo de los irracionales, que sólo han de preocuparse de llenar el plato de sus cachorros, generación tras generación y día tras día, seguimos utilizando tácticas tan variadas como infructuosas, cuando, además, **cualquier tipo de presión para hacer comer a los críos, resulta, no sólo inútil, sino contraproducente.** De hecho, la mayoría de los casos de «anorexia psicoafectiva» son provocados por una falta de respeto a la actitud del niño ante la alimentación y al desarrollo de sus hábitos.

LA FALTA DE RESPETO A LOS HÁBITOS ALIMENTARIOS DE LOS NIÑOS PUEDE PRODUCIRLES UNA AUTÉNTICA AVERSIÓN A LA COMIDA

Inútil y contraproducente, pues ni con la mejor voluntad es fácil para nadie comer más o lo que no desea, y cuanto más fuerte es la presión (física o psicológica) con la que se le intenta obligar, más probable es lograr el efecto contrario y hacer que disminuya la cantidad de alimento aceptada hasta el mínimo imprescindible o incluso por debajo de él. A lo cual, deben añadirse las repercusiones que esa imposición puede tener sobre el comportamiento alimentario del futuro adulto.

Pero esto no es, ni todo, ni lo más grave. Aun en los casos menos cruentos, la lucha en torno al plato de sopa causa otro tipo de heridas que a veces dejan feas cicatrices. Pretender hacerles comer a la fuerza o a base de amenazas, igual que chantajearles o cocinar exquisiteces y montar un circo para distraerles, **supone, además, una falta de respeto hacia ellos y hacia nosotros mismos, y es, cuando menos, una lastimosa forma de perder el tiempo, es decir, la vida** y, por tanto, también un pésimo ejemplo.

Otra cosa es ayudarles mientras aún son pequeños (o juegan a serlo), alabar con naturalidad sus progresos en la mesa, tener en consideración sus gustos, o procurar que la comida (y la vida

en general) no sea un velatorio. Eso es apoyo, educación, tolerancia y convivencia pacífica, es decir, nada que ver con lo que sucede cuando todo queda supeditado al objetivo de lograr que coman,
sea como sea.

LA COMIDA A LA FUERZA

«A dos cosas no se puede obligar a nadie: a hacer el amor y a comer.
Se tienen ganas o no se tienen.»[1] Ante esta certera afirmación cabría
replicar que, en realidad, es posible obligar a ambas cosas. Sólo
que entonces cambian sus nombres: a la primera se le llama viola-
ción; a la segunda, cualquier cosa menos comer. Y salvando todas
las distancias (que desde luego son muchas), las dos son abusos.

1. D. Fernández Delgado. Psicólogo infantil y médico puericultor.

PRETENDER QUE COMAN A LA FUERZA,
ADEMÁS DE IMPOSIBLE, CONTRAPRODUCENTE Y PELIGROSO,
ES UN AUTÉNTICO ABUSO

Pero, felizmente, no todo el mundo tiene la destreza requerida para tapar la nariz de un niño hasta que la falta de aire le obligue a abrir la boca, evitando a la vez que vuelva la cara y poder así aprovechar esa breve fracción de segundo para empapuzarle, si es que la cuchara no ha salido volando por los aires de un manotazo. En cambio, es bastante fácil con la ayuda de terceros, o cuando, de resultas de la tensión del momento (o de las bofetadas que suelen escaparse en tales refriegas), el pequeño está llorando con la boca tentadoramente abierta de par en par. Aunque lo realmente meritorio es saberse apartar a tiempo, porque nueve de cada diez veces, el numerito acaba con un fantástico surtidor en el que se devuelven, no sólo la ultima cucharada, sino todas las anteriores.

De no ser por el innegable poder disuasorio que tiene ese final, aún sería más frecuente tener que extraer de los bronquios de los niños los trozos de carne que, en el fragor del combate, equivocan el camino. Y sin la menor duda, el embudo sería un cubierto habitual en la mesa de muchos. Pero ni riesgos ni evidencias pueden siempre con la obsesión por alimentarles, y aunque la causa del vómito sea tan obvia como triste (o precisamente por eso) no es raro mirar hacia otro lado tratando de atribuirlo a una enfermedad.

—Cada día. Nada más acabar de comer, lo vomita todo. Esta niña debe tener algo de estómago.

—¿No será que la fuerzas?

—No..., bueno, un poco... Es que, si por ella fuera, no comería nada.

—¿Nada?

—Casi nada, vamos. En cambio, insistiendo...

—Consigues que se tome dos o tres cucharadas más: llorando, claro.

—Sí. Y luego lo devuelve todo.

—Me parece muy bien. Si yo estuviera delante, aplaudiría.

Es fácil imaginar (si no recordar) el martirio que supone ser obligado a seguir comiendo cuando se está saciado. Y por más tiempo que un niño lleve en ayunas, sólo él sabe cuánta hambre tiene. ¿Por qué nos iba a engañar? ¿No bebe toda el agua que necesita sin que sea preciso obligarle? ¿Por qué nos fiamos de su sed, pero no de su hambre? Y, si el problema es de paladar. ¿Acaso nos dejamos forzar nosotros? ¿Quién recuerda haber aprendido así a apreciar un alimento que le repugnaba? ¿Qué puede pensar un crío, al ver a sus habitualmente seguros y cariñosos padres, al borde de la histeria y convertidos en torturadores? **¿Quién no sentiría nauseas con sólo pensar en la comida, si, un día sí y al otro también, le forzaran hasta hacerle vomitar?**

Porque vomitar es su único recurso, y la verdad es que suele resultarles bien. Devuelven al remitente lo que no desean con una propina por las molestias, a ver si, en vista del éxito, escarmienta. Algunos aprenden a provocárselo con una facilidad pasmosa, ganando pronto la batalla de la comida (y cualquier otra) con sólo amagar el gesto. Ésta es otra de las cosas que ocurren cuando la alimentación (y la educación) de los hijos se aborda como un enfrentamiento, porque ellos no carecen de armas, y en este terreno tienen la sartén por el mango: cierro la boca, no trago, y llegado el caso, vomito.

Aunque a veces, ni eso les sirve. Aun hoy, y en todos los niveles sociales, hay quien reacciona reanudando la función tras darles a conciencia «un buen tortazo», porque «la letra (y la cuchara) con sangre entra». Y si obligarles a comerse lo vomitado es ya de juzgado de guardia, no lo es menos utilizar la violencia para doblegar su voluntad, haciéndoles comer algo que puede resultarles igualmente repugnante. Sin paliativos, forzarles así es un autentico atropello.

AMENAZAS Y CASTIGOS

Los tiempos no cambian tanto. Es verdad que los chiquillos juegan actualmente con monstruos que aterraron (o aterran) a sus padres, y del «Si no comes llamo al coco» se ha pasado al «Si no comes te quito el bicho ese» (o apago la tele, que viene a ser lo mismo). Pero ni ayer venía el coco, ni hoy se suelen cumplir las amenazas, ni nunca los niños han comido mejor gracias a ellas.

Algunas son absolutamente inverosímiles. Por ejemplo, no hay quien se crea que su madre va a dejar de quererle por hacer bola con la carne, o que si no se toma la sopa de cabello de ángel se quedará calvo (aunque es lamentablemente posible que se le caiga el pelo). Este tipo de amenazas sólo sirve para provocar unas risas, lo cual sería muy saludable si fueran compartidas, y no existiera el riesgo de que el niño se negase aún con mayor motivo a comer, por ver si así le hacían nuevos y todavía más graciosos ultimátums.

Pero, aun creyendo (o sabiendo por experiencia) que se va a recibir el castigo prometido, el apetito no despertará por eso, y asustándoles se consigue lo contrario. A menudo, el temor no depende del contenido de la amenaza, sino de su tono. Así, la clásica «¡Es que no piensas comer más, o qué!», cuya ambigüedad es, sin embargo, el preludio de represalias tristemente concretas, hace encoger el estómago mejor predispuesto. En ese sentido, son más crueles las que no se ejecutan inmediatamente, como la todavía muy habitual «¡Ya verás cuando llegue tu padre!», pues la espera puede ser mucho más dolorosa que el propio castigo.

LA TENSIÓN Y EL MIEDO SON IDEALES
PARA HACER PERDER EL APETITO

La premeditación aún hace más injusto y absurdo castigarles por no tener hambre o no querer comer lo que les desagrada. Por eso, aunque en caliente se les condene a galeras, es raro que luego se les oblige a pagar ni siquiera una multa; por eso, y también porque la moda «light» ha llegado a la educación, y es más fácil ablandarse y ser un padre bueno, que mantener la palabra y ser un buen padre. Pero cuando a las amenazas se las lleva el viento, su ya dudoso poder de convicción se reduce evidentemente a cero, y los hijos las escuchan como quien oye llover.

CUMPLIR LAS AMENAZAS Y CASTIGAR A UN NIÑO POR NO COMER
ES UNA INJUSTICIA; OLVIDARLAS, UN PRECEDENTE
DEL QUE TOMARÁ BUENA NOTA

Además, aunque **el descrédito y la pérdida de autoridad son el principal valor añadido de este método**, la fórmula elegida para amedrentarles genera ocasionalmente otros beneficios. Así, la escueta advertencia «Si no comes se lo diré a papá», es un mensaje abreviado, del que el niño sabe extraer perfectamente todo su valioso contenido: «... porque yo soy un cero a la izquierda y puedes tomarme el pelo todo lo que quieras, pero me vengaré chivándome al ogro, así que ves preparándote». Luego tenemos el ominoso «iremos al pediatra para que te ponga una inyección», que no requiere comentarios. Y entre las sanciones que llegan a cumplirse, hay una dotada de un especial interés pedagógico, porque, si un crío deja las lentejas al mediodía, no hay nada como volvérselas a poner por la noche, frías y bien amazacotadas, para que súbitamente se convierta en un devoto de estas típicas legumbres en particular y de los placeres de la mesa en general.

Finalmente, es posible que un día acepten algo que no les gusta mucho por no quedarse sin ver la tele o sin jugar, y hasta comer un poco (muy poco) más. Pero, para educar, **siempre son preferibles el estímulo, el incentivo y los premios, a la amenaza, la represión y los castigos, que, entre otras cosas, pronto aprenden a eludir** por medio de engaños (trozos de carne trasladados en el bolsillo hasta el cuarto de baño), mentiras (bocadillos en papeleras y pupitres del colegio), enternecedores llantos y convincentes propósitos de enmienda. En todo caso, cuando un castigo no logra corregir la conducta que lo motivó, no merece ese nombre, ni tiene sentido insistir en aplicarlo.

PROMESAS Y PREMIOS

Un juguete o cualquier recompensa que se le prometa al niño *a cambio de* comer, no es un premio sino el objeto de un chantaje, y aunque la diferencia sea sutil, hasta los más pequeños la perciben. La verdad es que tampoco sería lógico premiarles por haber satisfecho un instinto, y al proponérselo, **se les da a entender que la comida en general, o el alimento que rechazan, es algo realmente malo.** Pero tratar de sobornarles[1] para que luchen contra su saciedad o repugnancia, además de totalmente absurdo, es tan injusto como castigarles. Y si la propia experiencia no sirviera, bastaría verles dejar escapar las atractivas ofertas que reciben, para comprender lo difícil que puede llegar a ser comer sin hambre.

En realidad, es casi lo mismo perder una recompensa que pagar una multa (salvo para quien esté muy apurado), y por eso, los chantajes tienen muchas de las «virtudes» de las amenazas y castigos. Pueden ser igualmente crueles y contraproducentes, especialmente cuando pertenecen al género fantástico («Si comes papá jugará contigo porque hoy llegará pronto y de buen humor») y también es lógico que los niños reaccionen ante ellos con los mismos engaños y llantos que les sirven para librarse de las represalias, utilizándolos ahora para obtener lo prometido a pesar de no haber cumplido su parte del trato. Con lo que, de paso y como

1. Quizá parezca inadecuado el uso de la palabra «soborno», que realmente no es sinónimo de «chantaje». Sin embargo, ambos términos pueden aplicarse a las promesas con que se pretende vencer la resistencia de los niños para que hagan lo que no quieren (chantaje) o lo que no deben (soborno). Y cuando no tienen hambre, no es que no quieran, sino que no deben comer.

antes, la credibilidad y autoridad de sus mayores pierde un puntito más.

Pero aún es más lógico que cambien las tornas, y sea el niño quien chantajee a sus padres al descubrir que tiene en sus manos (o mejor, en su boca) la sorprendente capacidad de poder hacerles felices o desgraciados. De modo que, si venía comiendo lo justo, ahora pasará a negociar por todos y cada uno de los granos de arroz que aspiren a traspasar su garganta una vez que se sienta mínimamente saciado? ¿Tan valioso es que coma? ¿No le piden un sacrificio? Pues que se lo paguen. Y conforme a la ley de la oferta y la demanda, el precio puede llegar a ser disparatado.

LO ÚNICO QUE SE CONSIGUE SOBORNANDO A LOS NIÑOS PARA QUE COMAN ES ACABAR SIENDO CHANTAJEADOS POR ELLOS

Pronto ya no se sabe con qué (o qué) comprarles, porque los juguetes se salen por las ventanas, o el presupuesto no resiste sus pretensiones, o ni ellos saben expresar lo que realmente desean. Ha llegado el momento de dar otro paso (hacia atrás), **proponiendo**

retirar normas consideradas hasta ahora intocables: podrá acostarse más tarde, o jugar más de media hora seguida con la maquinita, o hasta tener barra libre en la tienda de chucherías... Lo que sea, con tal que coma. Así que todo eso de que la noche se ha hecho para dormir, y de que es malo para los ojos mirar demasiado tiempo una pantalla tan pequeña, y de que las chuches son una porquería, debe ser un capricho de los padres, porque, de ser cierto, ¿cómo iban a ceder?

Lo prohibido, ya de por sí atractivo, se convierte así en la principal moneda de cambio. Aunque a todo esto, evidente y afortunadamente, siguen sin comer más ni mejor: afortunadamente, porque en caso contrario, esta dinámica afectaría más gravemente la convivencia y la educación de los hijos de lo que ya lo hace.

ADULACIÓN Y PERSUASIÓN

Reconocer y valorar adecuadamente el buen comportamiento de un niño, expresándole sinceramente nuestra satisfacción, es el mejor modo de premiarle, animándole a mantener esa línea de conducta. En realidad, su principal motivación para portarse bien (es decir, para hacer lo que sus mayores deseamos) es agradarnos.

Pero los elogios sólo actuarán así, como el «refuerzo positivo» de que hablan los psicólogos, en la medida en que sean espontáneos y auténticos, y no cuando son halagos forzados, fingidos *con la intención de* obtener ese efecto. Cuando se les adula por y para que coman, los críos detectan la falta de naturalidad y desproporción de unas alabanzas tan poco sentidas como merecidas, pues, en definitiva, saciar el hambre o aceptar y descubrir el buen sabor de un alimento, es más una suerte que un mérito.

ES TAN ABSURDO TRATAR DE CONVENCERLES
PARA QUE SATISFAGAN UN INSTINTO
COMO HALAGARLES POR HABERLO HECHO

La adulación es un intento de chantaje (la diferencia entre reconocimiento y halago, coincide en gran parte con la que hay entre premio y soborno), y como tal, acarrea sus mismas consecuencias. Pero añadiendo alguna otra de su propia cosecha.

Para empezar, y aunque es verdad que a nadie le amarga un dulce, intuir que unos piropos no son sinceros puede hacer pensar que se es más bien feo, y no es probable que eso provoque una reacción de simpatía hacia el lisonjeador ni muchas ganas de complacerle, sino más bien todo lo contrario. Además, se suele hacer la pelota a los superiores o a quien tiene algún tipo de poder sobre nosotros, y al **halagar a los hijos, se les reconoce una preeminencia que no les corresponde ni les conviene.** Por último, adularles les hará dudar de la autenticidad de cualquier elogio que reciban, y por más que la buena intención haga algo injusto el calificativo, un comportamiento hipócrita enturbia lo que siempre debiera ser una comunicación franca y clara.

LA ADULACIÓN Y LA PERSUASIÓN TIENEN TODOS LOS EFECTOS NEGATIVOS DEL CHANTAJE, Y ALGUNOS MÁS

También la persuasión es una forma de chantaje, igualmente condenada al fracaso y dotada de todas sus «propiedades», a pesar de la aparente inocencia que tiene el pretender convencerles con explicaciones y razonamientos.

En efecto, quien haya sufrido el agotador e incansable «¿Por qué?» de los niños, sabrá que la respuesta no siempre les interesa demasiado, pues a menudo salen disparados dejándonos con la palabra en la boca, o pasan a otra pregunta cuando apenas se ha empezado a contestar la primera. Pero si actúan así, no es por ser un poco veletas (que también), sino porque les basta con saber que existe alguna explicación, y sobre todo, que sus padres la tienen.

Con mayor motivo, la atención que prestan a razones que no han solicitado puede ser muy escasa, y totalmente nula cuando el único objetivo de esos argumentos es persuadirles, por ejemplo, a comer. En tal caso, sólo les llega con claridad un mensaje: «Quiero que comas», o, lo que es lo mismo, «Me harás muy feliz si comes». Que como chantaje, no está nada mal.

Por lo demás, **una cosa es darles todas las explicaciones que pidan, y otra dejarse tomar el pelo.** Los niños tampoco necesitan comprender las razones por las que deben hacer algo, sino sólo que las hay, y es ridículo desgañitarse justificando una solicitud a quien ya ha decidido que no quiere (y quizá, ni debe ni puede) acceder a ella.

A veces sólo preguntan para tratar de ganar tiempo (como

sucede al vacunar a algunos ya mayorcitos: «¡Un momento, un momento! ¡Por favor! ¡Antes quiero saber...!») demostrando una súbita e insaciable sed de conocimientos. Seguirles el juego, detallando con infinita paciencia y buena fe las bondades de un plato que acabará intacto, es una de las escenas más penosas de cuantas se organizan en torno a la mesa: Unos padres-vasallos suplicando al hijo-rey que satisfaga unos deseos que no siente y tratando de convencerle con argumentos que no escucha. Y puestos a ofrecerles un espectáculo, los hay más divertidos.

LA COMIDA A LA CARTA Y CON ESPECTÁCULO

Más o menos extensa la carta y atrevido el espectáculo, pequeño café-teatro o gran parque de atracciones, en uno o dos pases pero también en sesión continua, éste es un lujo del que muchos niños disfrutan a diario, y uno de los mejores sistemas para malcriarlos, física y mentalmente, dejándose de paso la piel (y media vida) en el empeño.

—Toda la mañana haciéndote las croquetas, y ahora me vienes con que no las quieres. ¿No te gustaban tanto?
—Sí, pero ahora quiero arroz. Y con mucho tomate de ése.
—¿Otra vez?

Otra vez, y otra, y otra, pues, pese a la romántica idea que aún hoy circula, es falso que los niños lleguen a hacer espontáneamente una dieta equilibrada si se les permite elegir según sus deseos. Naturalmente, tampoco se trata de ignorar su paladar aplicando todo el rigor del «si quieres lentejas...» (o el sádico «si no quieres caldo, dos tazas»), pero la comida a la carta conduce casi inevitablemente a una alimentación monótona que pronto ocasiona alguna carencia nutritiva. Y ni siquiera nos asegura la satisfacción del cliente.

—¿Y ahora, qué es lo que pasa?
—Es que no me gusta este tomate.
—¿Qué tiene el tomate?
—Está malo.

Ni las croquetas ni el arroz con tomate, ni nada de lo que le ofrezcan van a merecer su beneplácito, porque no hay nada comparable con el placer de dominar la situación, viendo cómo su madre está dispuesta a agotar las existencias de la casa (y a sacrificar la suya) antes de rendirse. Y si el padre no se muestra conforme, tanto mejor.

—¡Come y calla, niño!
—Espera..., puede que sea verdad... Este tomate parece un poco fuerte. Pruébalo tú, a ver...
—Cuánta tontería... Está perfectamente, y yo no sé cómo no haces más caso del médico. Menos croquetitas y menos comiditas

especiales que al final nos hemos de comer los demás: lo mismo que todos, y punto.

—Sí, claro, hablar es muy fácil. Pero ya que estás tan de acuerdo con el pediatra, ¿por qué no te ocupas tú de hacerle comer?

—Si por mí fuera...

—Ay, qué poca paciencia tenéis los padres. Venga hijo, que tu abuela te ayudará: Esta por papá...

—¡Abuela, que ya ha cumplido cinco años!

Desde muy pequeños, a la chita callando y con sólo cerrar la boca, consiguen ser el centro de atención, e incluso provocar algún conato de enfrentamiento que confirma su poder («divide y vencerás») a la vez que les sirve de distracción. Pero el entretenimiento está siempre asegurado, pues, al parecer, por mucho que se haya escogido el trozo más sabroso y de mayor calidad para ellos y por bien que se haya preparado, la comida debe ser una amarga píldora que es necesario dorar, y que sólo tragarán si se les despista con alguna diversión.

De este modo, por una cucharada más, se empieza haciendo el avión, riendo, para acabar haciendo el bufón, llorando. Entre una cosa y la otra, se oye y ve de todo: sonajeros, balidos, rebuznos y kikirikís, hermanos bailando muñeiras, abuelos desfilando al son de tapas y cacerolas, disfraces, muecas, cuentos, juegos (veo-veo, que ves, una cosita que empieza por h de harta), persecuciones campo a través (el no va más de la diversión)... y vídeos, desde luego.

—Pásame el mando, que van a dar los deportes.

—Yo quiero ver Pókinger J. Si no, no como.

—¡No! Me sé de memoria ese vídeo. ¡No lo soporto más!

—Y antes tenemos que cantar la canción. Venga: «Pooo-kingers, poo-kingers...

—¡Me va a dar un ataque de nervios! ¡Cállate!

—Pues no como.

—¿Será posible el mocoso éste? Le daría una bofetada...

—Ni se te ocurra tocar a mi hijo.

—En mis tiempos, esto...

—Abuela, usted a lo suyo.

—A mi madre no le hables así.

—De acuerdo. Me voy a tomar el postre a la sala.

—Y a ver los goles.

—Sí. ¿Pasa algo?

—Que te quedas aquí, conmigo y con tu hijo.

—Al parecer, yo ni existo, claro.

—¡Madre, por Dios!

—Pero si tiene razón. Aquí sólo existen los caprichos de un crío que nos está haciendo la vida imposible. Y todo, por eso de que no se les puede dar ni un revés cuando conviene.

—Cuando te conviene a ti, porque a los niños nunca les conviene.

—Ay hija, teorías muy bonitas, pero ya ves cómo suben los jóvenes de hoy por no usar un poco la vara.

—Sí, claro. A su edad, nosotros éramos unos santos, ¿verdad?

—Al menos, más obedientes.

—Bueno, me es igual. No se le pega y no se le pega. Venga, come un poco de arroz.

—Está frío.

—¡Cómo va a estar, si llevas una hora dándole vueltas! ¡No puedo más! ¡Ya no sé qué hacer para que comas! En fin, déjalo si quieres... pero algo tendrás que comer, ¿no?

—Sí. Quiero croquetas.

No es raro que la fiesta acabe como el rosario de la aurora, porque en estas inacabables comidas, se agota antes la paciencia y el humor de los padres que el contenido de los platos ofrecidos a los hijos. Pero aunque esto no ocurriera y lo único importante fueran ellos y su nutrición, tampoco este método sería recomendable, pues tras mucho marear la perdiz, **eligiendo a la carta suelen acabar comiendo siempre lo mismo, y**, por lo que se refiere al espectáculo, **tanto la sobreexcitación como los entretenimientos, distraen su apetito** (y lo hacen desaparecer a medida que el ambiente se va enrareciendo), además de dar tiempo a que se enfríe la comida y a aburrirse de tanto verla.

Sin embargo, es tan obvio que ni su alimentación ni ellos son lo único importante, como que sus sucesivas exigencias (gastronómicas y/o recreativas) son una maniobra dilatoria y sobre todo, que **utilizan la comida para dominar la situación y obtener lo que les es más caro, es decir, atención y protagonismo**. Porque, comiendo bien, quizá no se les hace demasiado caso, y en cambio, es seguro que el mundo entero gira a su alrededor en cuanto pronuncian las palabras mágicas, y decir «no quiero más» es el «ábrete sésamo» ante el cual todo cede. Es eso lo que desean, y no un plato distinto ni otro cuento. Con lo que, entre discusiones y fracasos, **los padres van quedando cada vez más desautorizados** a los ojos del niño, capaz de manipularles a su antojo como si fueran marionetas y ante el que reconocen explícitamente su impotencia: «Ya no sé qué más hacer(te) para que comas».

Cuando se piensa que los hijos merecen cualquier sacrificio, quizá se está valorando poco la propia vida, que se daría por ellos si fuera necesario, pero no porque valga menos que la suya. Y la mejor herencia que se les puede dejar, es haberles enseñado con el ejemplo a defender, respetar y aprovechar la existencia.

DEGRADARSE CONVIRTIÉNDOSE EN SUS ESCLAVOS PARA QUE COMAN, ES DEMOSTRAR MUY POCO RESPETO HACIA UNO MISMO Y, POR TANTO, TAMBIÉN UN MAL EJEMPLO

Por mucho que preocupe, cuidar su nutrición nunca requiere convertirse en sirvientes ni en payasos que bailan al son de pequeños dictadores; y perder media vida cocinando maravillas y danzando alrededor de la mesa, es un sacrificio que sólo puede servirles para que, el día de mañana, repitan la historia con sus hijos.

LAS FACILIDADES

Salvo la venta a plazos, y tal como se está viendo, no hay estrategia comercial que no haya sido aplicada para «vender» la comida a los hijos: persuasiva publicidad, cuidadas presentaciones, premios, concursos, espectáculos, conferencias... Ya sólo resta hablar de las facilidades que se ofrecen a ciertos clientes remisos, poniéndoles las cosas cuesta abajo, a pedir de boca, dándoselo todo mascado y plantando el producto en la puerta de su casa. Que, aplicado a nuestro caso, se traduce en usar el biberón, triturar la comida, y llevarles la cuchara a la boca, cuando ya son capaces de masticar y comer por sí mismos.

Tratándose sólo de facilidades, es cierto que estos recursos no son tan inútiles y contraproducentes como se ha afirmado tajantemente de todas las formas de presión. Pero también pueden serlo, si tras ellos el niño percibe (para lo cual basta con que exista) un interés obsesivo en hacerle comer y aprende a exigir contrapartidas por satisfacer el deseo de sus padres. Y en cualquier caso, tampoco son tan inofensivos como puede parecer a simple vista.

Así, por razones de salud dental, mental y global (incluyendo el no ponerse como un globo), **el biberón debiera reservarse exclusivamente para tomar leche y ser reemplazado por el vaso antes del año y medio.** No obstante, algunos niños parecen felices de recordar viejos tiempos si se les permite tomar un biberón antes de acostarse, y no hay inconveniente en prolongar ese límite hasta los dos o tres años, siempre que luego se enjuaguen la boca y se cepillen los dientes (a fin de cuentas, organizaciones sanitarias de gran prestigio están recomendando la lactancia materna nada menos que hasta los tres años, y si es bueno seguir chupando de una cosa, ¿por qué no de su sustituto?) En cambio, la primera parte de la norma tendría que ser cumplida a rajatabla, no usando nunca el biberón para darles papillas ni purés, aunque con él tomen más (o acaben antes) y precisamente por eso, pues el objetivo no es comer más (ni a toda velocidad) sino lo necesario (y con calma). Porque, además, no sólo se trata de alimentarles, sino de irles enseñando a comer y a convivir alrededor de la mesa, y si el trabajo de coger la cuchara y masticar no les compensa será que no tienen muchas ganas ni de una cosa ni de la otra, en cuyo caso, más vale dejarlo correr. En definitiva, bastaría con recordar de nuevo que el biberón es un sustituto del pecho (que no produce trigo, ni peras, ni pollo a la jardinera), para aceptar que sólo deben usarlo para tomar leche.

Tres cuartos de lo mismo puede decirse del seguir triturando los alimentos, por más que así consuman mayor cantidad o los aprovechen mejor que dándoselos troceados. Desde luego, si cada día mastican otras cosas, no hay inconveniente en que algún plato sea en forma de puré, pero **la salud de los dientes y el desarrollo e integración social del niño, requieren su progresiva adaptación a la comida de los adultos**. Y con un pequeño ejercicio de memoria o imaginación es fácil admitir que la nutrición de quien ya es capaz de masticar y de usar la cuchara, no corre peligro alguno porque el biberón y la trituradora desaparezcan del mapa. Ni tampoco por dejar de llevarles la comida a la boca.

—Es que si no se las doy yo, deja todas las patatas. No las quiere. En cambio un yogur sí lo quiere, o sea, que tiene hambre.

—Pues tú verás.

—No se lo doy, claro. O come lo que toca, o nada.

—Y haces muy bien. Ahora sólo falta que no pierdas el tiempo dándole las patatas.

—Pero así acaba por comérselas...

—Y lo mismo haría al poco rato ella sola, o mañana, si no te tuviera a ti para llevarle la cuchara a la boca. Cuando no quieren comer, no comen, y todo lo que tu hija acepta a base de estar encima de ella, o le sobra, o se lo comería igual en otro momento. Ya es mayorcita.

—Eso creo yo. Y lo malo es que luego vomita. Se lo provoca, lo tengo claro.

—¿Y entonces?

—Ya... pero es que no soy yo. Si un día no come, aparece mi madre: «No come, pobrecita, que tenga algo en el cuerpo». Y se puede pasar dos horas con ella hasta que se termina el plato.

—Que siete días a la semana acaba devolviendo, de manera que no me parece muy difícil hacer entender a la abuela que deje de marearla. Seguramente está repitiendo lo que hizo contigo de pequeña.

—No. Era mi hermana la que comía fatal.

—¿Y consiguió algo tu madre?

—No. Nunca le ha gustado comer, y sigue igual.

—No me extraña.

Hay tres formas de llevar la cuchara a la boca de un niño que ya sabe hacerlo sólo: tapándole a la vez la nariz, jugando al avión, o simplemente con paciencia. Si la primera es absolutamente impresentable, tampoco las otras son siempre tan inocentes como aparentan, porque la alimentación es un acto que puede y debe resultar satisfactorio por sí mismo, sin requerir complementos ni ayudas que lo hagan más atractivo o fácil. Y aunque las abuelas se muestren lógicamente reacias a admitirlo, su colaboración en este sentido no sirve de nada.

—Pues conmigo, se lo come todo.

—Al cabo de dos horas.

—Pero se lo come. Y si no se lo diera yo, ni lo cataba. Alguien ha de estar por él.

—¿Ha hecho la prueba?

—¿Qué prueba? ¿Dejarle sin comer? Ni hablar.

El infundado temor a que les ocurra algo por saltarse una o dos comidas, hace que el problema se perpetúe. Un niño sano nunca se conforma con menos de lo que requiere, y todo lo que deje de comer a mediodía por no ser ayudado, lo recuperará tomándolo con su propia mano por la noche, si es que lo necesita y siempre que, claro está, no se le haya compensado a la hora de merendar. A la inversa, si acepta cuatro cucharadas de más por el hecho de habérselas acercado a su boca, llegará con menos apetito a la siguiente comida y de nuevo será preciso «estar encima de él» para que coma. Con el depósito siempre lleno hasta los topes, ni sabrá lo que es el hambre, ni conocerá el placer de satisfacerla ni, en consecuencia, comerá nunca por su propia iniciativa. Lo cual puede aplicarse al uso del biberón, al triturado, y a cualquier tipo de presión que parezca servir para hacerles comer, incluyendo la incalificable (e inclasificable) práctica de aprovechar que están dormidos para endosarles un biberón de leche o de lo que se tercie.

NINGÚN NIÑO SANO QUE SEPA MASTICAR Y USAR LA CUCHARA
COMERÁ MENOS DE LO QUE NECESITA POR
NO DARLE LA COMIDA TRITURADA Y EN LA BOCA

En definitiva, y retornando al comentario con que empezaba esta relación, no es que no se deba o pueda obligar a nadie ni a comer ni a hacer el amor, sino que tampoco conviene hacer ninguna de las dos cosas sin ganas. Porque saciando el apetito antes de sentir su punzada, ni se llega a disfrutar debidamente, ni queda el estimulante recuerdo que anima a repetir la experiencia.

LOS PROTAGONISTAS DEL MELODRAMA

Una última vuelta de tuerca para acabar de fijar el problema, observando ahora las actitudes y reacciones de sus protagonistas. Por supuesto, ni el niño que no come ni sus familiares están cortados por un mismo patrón, y en la relación de «propiedades» que en este capítulo se atribuyen a cada uno de ellos, no pueden estar todas las que son ni ser todas las que están, ni para el lector individual ni para los distintos colectivos. Posturas y sentimientos totalmente opuestos se encuentran en un mismo grupo, y abuelas, abuelos, padres y madres pueden compartir o intercambiar los que aquí se les adjudican, y que, desde luego, no pretenden componer ningún perfil psicológico, sino señalar únicamente los errores más habituales. Sólo así debe entenderse lo que en otro caso serían tópicos y generalizaciones imperdonables.

LA ABUELA

• Es la primera que asiente cuando se comenta que, en tiempos de miseria, el problema de la comida de los niños es diametralmente opuesto y, sin embargo, ese mismo recuerdo del hambre pasada o presenciada exagera la tendencia natural de su instinto y la hace **irracionalmente terca en lo relativo a la alimenta-**

ción. (Imprescindible insistir una última vez: De esa forma se comporta sólo alguna de las que se equivocan.)

- Escéptica ante lo que considera modas pasajeras, **sobrevalora y mitifica su propia experiencia** (tanto más cuanto más escasa y mala ha sido), tratando de anteponerla a cualquier otro criterio, por razonable que parezca y sea.

- Llena de buenos y profundos sentimientos hacia su nieto, y habiendo criado al menos a un niño, es lógico que quiera dar su opinión, pero también **interviene por demostrar su aptitud ante nueras o hijas.** Y la rivalidad no sólo existe con las primeras.

- Si **piensa que sus hijos han sobrevivido gracias a la lucha diaria por hacerles acabar los tres platos,** puede alarmarse al ver lo poco que en comparación comen los nietos y atribuir a eso cualquier problema que tengan. O sentirse frustrada al ver que crecen perfectamente sanos con mucho menos.

- **No cree, pero en el fondo teme, que el niño pueda y deba comer bien sin necesidad de estar encima de él,** porque eso la puede dejar en el paro o hacerla sospechar que estuvo perdiendo el tiempo con sus hijos.

- Considera normal que los críos puedan dar tanto trabajo a la hora de comer, y ley de vida que sus madres carguen con la misma cruz que llevó ella. Por eso, más o menos veladamente, **acusa a la que no insiste cuando su hijo dice basta.**

- Obsesionada primero con el peso del bebé, **agobia a la madre** con historias sobre la baja calidad de su leche hasta conseguir que empiece y acabe dándole sólo biberones. Más adelante, **no acepta la delgadez de su nieto**, identificándola con la miseria y la enfermedad («da pena verlo desnudo») o con el riesgo de padecerla («va a pillar cualquier cosa»).

- **Siente un temor casi ancestral a dejar al niño sin comer,** olvidando que el instinto no le permitiría superar su capacidad de resistencia al ayuno, y que «morirse de hambre» en nuestro medio, es la mejor salsa que existe.

- **Reserva para el nieto catalogado como «delicado»** (sólo por ser de complexión fina, mirada lánguida y piel blanca) **los alimentos más sabrosos y caros,** acostumbrándole a una comida de capricho, a un exceso de proteínas y grasas y, lo que es peor, a los privilegios.

- Con unos conocimientos no menos valiosos que su experiencia, es también **portadora de errores que se transmiten de generación en generación** y si ya no podía creer que a su nieto le bastara con la mitad de lo que le están dando, cuando oye decir que el caldo no alimenta nada, decide sugerir a los padres un cambio de pediatra.

- Nunca acabará de aceptar que una ración de 40 gramos de ternera, «que ni se ve en el plato», pueda ser suficiente para un niño de cuatro años, «en edad de crecer». En la práctica, **su lema es «cuanto más, mejor»,** y siempre compara con los que comen, no mucho, sino demasiado.

- En el fondo, **piensa que todos los males de los niños se previenen y curan a base de comer** (y evitando que caminen descalzos).

- En este campo, preferiría que el pediatra hablara menos y recetara más, y en concreto, **cree ciegamente en las propiedades de las vitaminas**, que quizá a ella le fueron útiles, precisamente porque la fe mueve montañas.

- Tiene el privilegio (y casi el deber) de ser indulgente con los nietos, de modo que hace muy bien decantándose por la tolerancia y dejando que sean los padres quienes se preocupen por la disciplina, pero muy mal cuando **desoye instrucciones explícitas sobre la alimentación del niño**, y le da de comer entre horas o no renuncia al recurso de las chucherías.

- **Puede ser la única causa del problema** cuando impone sus criterios, pero también sembrando la duda en parejas que habían afrontado acertadamente el asunto con tranquilidad y buen criterio, fiándose y respetando el apetito de su hijo.

- A veces toma las riendas desde que se inicia la comida, aunque en la mayoría de los casos **espera a que los padres hayan agotado los cartuchos, para aparecer discretamente en escena** y «reconducir» a su manera la situación, lo cual suele significar estarse otra hora más con el niño y acabar dándole un flan, o empalmar con la merienda.
- Se molesta si se le sugiere un cambio de actitud, porque **poner en duda sus métodos es cuestionar una parte de su vida,** de la que puede estar muy orgullosa.

- También **se siente gremialmente maltratada, y tiene mucha razón**, pues en la inmensa mayoría de los casos, es una bendición poder contar con su experiencia y ayuda.
- Prudentes y razonables en su inmensa mayoría, son una valiosísima ayuda para los padres (que a veces tienen una cómoda y peligrosa tendencia a hacer dejación de sus responsabilidades, abusando de su buena disposición), y aunque consientan todo a los nietos y en algunos casos contribuyan a hacer de su comida el drama que no debe ser, son una figura de enorme importancia para su estabilidad y desarrollo afectivo; de manera que, **si no existieran, habría que inventarlas**.

EL ABUELO

- Por no considerarlo propio de su sexo o de su edad, **participa menos**, para bien y para mal, en la alimentación del nieto.
- Hoy por hoy, **tiene aún más tendencia que el padre a huir del conflicto**, aunque también más razón para eludir lo que no es su responsabilidad.
- Cómplice número uno de los nietos y relativizando («a estas alturas») la importancia de una disciplina de la que quizá él abusó, también **hace caso omiso de las normas impuestas por los padres** (es especialista en hacer aparecer caramelos por arte de magia).
- **No intervenir directamente no le impide opinar**, y si le parece que el niño no está bien nutrido, critica ácidamente la competencia de los padres, sin aportar ninguna solución. Y un solo comentario apenas murmurado sobre la delgadez del nieto puede ser demoledor para su madre.
- Disponiendo ahora de mucho tiempo, disfruta de los nietos y contribuye directamente a su crianza, alimentación incluida, más de lo que pudo hacer con sus hijos. Y por eso **se le puede aplicar casi todo lo dicho de las abuelas y lo que sigue sobre los padres**.

EL PADRE

- Muy animoso y bien dispuesto ante el nacimiento del primer hijo, **empieza ofreciendo más de lo que se le pide**, pero cuando aparecen los problemas, y muy en particular los relacionados con la comida, decide que «eso es asunto de mujeres», y **acaba inhibiéndose**.

- Si nunca dice «el niño no *me* come», será porque, en estas lides, **no pasa de considerarse un mero ayudante** de la madre, y puede compartir la responsabilidad, pero no asumirla totalmente.

- Cuando la comida del niño no es «su problema», es precisa y curiosamente cuando más **agobia a la madre** haciéndole ver lo flaco que está, o enojándose con ella si le deja irse a la cama sin haber cenado.

- «¿Lo ves?» y «Ya te lo decía yo» son las dos expresiones con las que **se pone del lado del pediatra** cuando éste trata de convencer a la madre para que deje de preocuparse y de presionar al pequeño, **porque también él sabe dar buenos consejos.**

- **No se preocupa tanto** porque el niño coma poco, y acepta fácilmente todo lo que signifique dejarle a su aire, **aunque cabría preguntarse cuánto hay de sensatez y cuánto de comodidad en esa actitud.**

- Es el que realmente decide la alimentación de la familia, adaptada a **sus hábitos y preferencias,** que no siendo siempre muy saludables, **obligan a cocinar por duplicado** para que el niño pueda seguir una dieta correcta.

- Más tolerante con las cantidades, **le irritan mucho las manías de su hijo** (salvo cuando coinciden con las suyas), especialmente si rechaza algo que a él le parece muy bueno para la salud.

- Cree que se tienen demasiadas contemplaciones con el niño, pero **no duda en desautorizar a la madre**, levantando sus castigos o comprándole las golosinas prohibidas.

- Ante el menor signo de rechazo, pide el cambio («Dale tú de comer, que conmigo no quiere»), pues **no le cuesta nada reconocer que es «un inútil para ciertas cosas»,** gracias a lo cual conserva su autoridad intacta, y dispone de tiempo para otras actividades más propias de su sexo.

- Si contribuye a la lucha por la supervivencia del hijo, mucho más que la paciencia y la persuasión, **su especialidad son las amenazas y gestos intimidatorios** que, efectivamente, logran aterrorizar al niño y hacer desaparecer el poco apetito que le quedara.

- Alguno todavía **se excusa defendiendo el valor pedagógico de las bofetadas,** a pesar de que la experiencia lo desmienta y de que casi nunca son dispensadas cuando el niño la ha hecho más gorda, sino cuando ha agotado la paciencia o herido el amor propio de un «adulto» ya alterado por otros motivos.

LA MADRE

- Aunque a menudo lo hace por pura rutina, cree que una buena madre no debe despedirse del pediatra sin lamentarse de lo poco que come su hijo, es decir, que **no sólo se puede quejar de vicio, sino también de virtud.**

- Educada (como tantos) en el «Quien algo quiere, algo le cuesta», **tener que preocuparse sólo por el menú, le parece sospechosamente fácil.**

- Si le falta tiempo, por acabar antes, y si le sobra, por sentirse necesaria, **no estimula ni reconoce la autonomía del niño para comer.**

- Al exagerar lo que le cuesta, también **magnifica la importancia de su tarea.** Y lo cierto es que algunos críos salen adelante, a pesar de sus padres, a pesar de sus maestros y a pesar de sus pediatras.

- **Si en el parvulario dicen que el niño come de maravilla,** en vez de rendirse a la evidencia (e interesarse por el método), le parece tan imposible que **prefiere pensar que la engañan.**

- **Demasiado a menudo sólo le falta información**, y todos sus problemas acaban cuando se entera de que su hijo estaba comiendo el doble de lo necesario.

- Cuando su proyecto vital no concluye con la maternidad, el niño y su alimentación la agobian mucho menos. Sin embargo, también **se siente insegura o culpable si el trabajo la impide cuidar personalmente de su comida**, y, trágicamente, trata de compensarlo a la hora de la cena.

- Pluriempleada a la fuerza, **no siempre se encuentra con suficiente animo** para, además de ganarse el pan, comprarlo, prepararlo, servirlo, tener que enseñar al niño a comérselo y mantenerse firme ante sus caprichos.

- Una cena agotadora le aporta dos argumentos más para no pensar en aumentar la familia, pero llegar tarde y/o sacando la lengua al trabajo por culpa del desayuno o la comida del hijo, no favorece el desarrollo de buenos sentimientos hacia él. Y esto, que hace unos años sólo podía referirse a unos pocos padres, hoy es aplicable a bastantes más madres, pues **la alimentación del niño interfiere con su actividad laboral** mucho más a menudo que con la de sus maridos.

- Cuanto menos capaz es de comunicarse satisfactoriamente con su hijo, más **trata de transmitirle afecto a través de la alimentación,** llegando a confundir una cosa con la otra. Y, por tanto, puede resultarle muy doloroso que el niño rechace una cucharada en la que ella ha depositado todo su cariño.

- Admite muy pronto que su hijo le toma el pelo con la comida, pero no sabe cómo evitarlo. Es una **lucha entre la cabeza y el corazón**, entre el sentido común y el instinto. Y **tras la ceguera con que a veces actúa, mucho más que ignorancia, hay sufrimiento.**

- Por si no tuviera suficiente con frenar su instinto, **es presionada por la suegra, por su propia madre e incluso por el marido.**
- Pide el cambio cuando ya está desesperada (»Dale tú de comer, porque yo ya no puedo más»), derrotada en lo que nunca debió

... 93, por quedarse un día sin comer no le va a pasar nada; 94, tampoco yo tengo cada día el mismo apetito; 95, de altura no va nada mal; 96, mejor un poco delgado que gordo; 97, ya tengo desesperado al pediatra; 98, ayer comió muy bien; 99, no sirve de nada forzarle; y 100, está sanísimo

¡Y por qué no puede haberme tocado a mí un niño comilón!

plantear como una batalla, con lo que, día tras día, **además de tiempo, va perdiendo autoridad.**

- Aunque el pediatra le asegure lo contrario, **piensa que su hijo «pillaría menos cosas» si comiera más.**

- Por salud y estética, **no quiere un niño gordo, pero «mejor que le sobre que no que le falte».** Y a veces parece como si tuviera en la vista el mismo defecto que el Greco.

- En el relieve de las costillas de su hijo, puede ver un testimonio acusador y humillante, puesto que ella **se siente la responsable última de su salud.**

- Aunque ni su marido ni ella pasen de la media, **no acaba de aceptar las leyes de la herencia,** y espera que, a base de comer, el hijo les pase al menos un palmo. Y al comparar, sólo se fija en los que destacan por arriba.

- Puede ponerse a llorar de ansiedad en la consulta del pediatra, mientras el hijo de sus tormentos, mocoso y delgado pero feliz, juega tranquilamente en la sala de espera. Realmente, **es ella quien más sufre y más necesita ayuda.**

EL NIÑO

- Permanentemente sitiado por toneladas de alimentos y obligado a satisfacer el hambre antes de sentirla, **se le priva del placer de comer,** que alguno sólo descubre cuando se hace adulto.

- Etiquetado como «mal comedor» y sabiéndose **previamente juzgado y condenado, se sienta a la mesa con el ánimo ya deprimido** y un nudo en el estómago. Y si algún día se le olvida quién es, la tensión que flota en el ambiente se encarga de recordárselo.

- En caso de trifulca, y según la más elemental de las reglas policíacas, sería el sospechoso número uno, pero **aunque domine la situación a su antojo, también él sale perjudicado.**

- Cuanto más se atienden sus caprichos (con la comida y con todo), más **se culpabiliza por tiranizar a sus padres**, más disminuye su autoestima, y más exigente y caprichoso se vuelve.

- Si es que no se le manifiesta explícitamente, **percibe el rechazo que provoca** por su comportamiento en la mesa. Y si acaba por creerse que es malo, puede no tener más remedio que resignarse a interpretar ese papel.

- **Manipula a toda la familia** y demuestra su poderío sometiendo una tras otra a sus sucesivas parejas de baile. La madre se resiste, pero acaba rindiéndose desesperada, el padre huye pronto, y la abuela le corona como vencedor, entregándole al fin la deseada copa (muy habitualmente, de natillas).

- Los fines de semana en las tres comidas, y diariamente a la hora de cenar, **explota «sabiamente» los sentimientos de culpa que puedan tener los padres** por dedicarle poco tiempo, una buena parte del cual pierden tratando de hacerle comer.

- Aunque sólo sea por mantener su palabra y hacerse valer, **si dice que no come, no come**. Y no sólo hace bien, sino que sería muy bueno que sus mayores actuaran con la misma firmeza.

- Por más que desee agradar a sus padres, es incapaz de inventarse el apetito, de modo que **puede sentirse rechazado y culpable por algo que está fuera de su control.**

- Siéndole imposible superar la voracidad de un hermano que triunfa en familia y en sociedad gracias a su gran saque, decide destacar por lo contrario. Y **si se hace famoso por lo mal que come, le puede resultar difícil renunciar a ese papel**, con el que cada vez se siente más identificado. (Ése es uno de los motivos por el que los hermanos suelen ser como el día y la noche en bastantes aspectos.)

- Llegado el caso, también **se adapta perfectamente a la condición de «niño delicado»**, mostrando una actitud indolente ante las mejores porciones de los más delicados alimentos, y haciendo a toda la familia el favor de probarlos, **o a la de «niño tiquismiquis»** del que todo el mundo conoce sus innumerables manías. Y por descontado, si su odio a las acelgas ha llegado a los medios de comunicación, se cuidará mucho de volver a probarlas, no vaya a ser que un cambio de opinión deteriore su imagen.

- **Cuando hay desacuerdo entre los padres** respecto a lo que debe comer, **puede quedarse bloqueado** por no saber a quién contentar, **o convertirse en juez** al tomar partido por uno de los dos. En cualquier caso, es un papelón.

- Si es beligerante, **odia la hora de la comida por agotadora**, y si sólo practica la resistencia pasiva, **por aburrida.**

- **Cuando abre la boca para hablar le hacen menos caso que si la cierra negándose a comer.** Y teniendo en cuenta que la comida parece ser más abundante que la atención, es lógico que opte por lo segundo.

- La comida es sólo una de las circunstancias en las que premios y castigos se le aplican al revés, porque **no hay premio que le estimule tanto como el protagonismo, ni mayor castigo que la indiferencia.**

- Visto lo visto, **cree que comer es un trabajo que merece recompensa**, y por eso premia a quien le place, aceptando la comida de su mano y no de la de otro.

- Demostrando lo mucho que los tiempos cambian, **a menudo castiga a sus padres yéndose a la cama sin cenar.**

EL CAMBIO DE HISTORIA

El único drama justificable en torno a la alimentación de los hijos (que ha de ser suficiente, equilibrada, variada y adecuada, pero también agradable) es no tener con qué satisfacer su apetito. Por lo demás, su comida **puede y debe dejar de ser un problema** a partir del momento en que se asumen los principios básicos desarrollados en los capítulos precedentes.

1. Antes de afirmar que un niño come poco, es preciso revisar lo que se considera normal.

2. Comer menos que otros o menos que antes, no siempre es comer poco, porque no todos ni siempre tienen las mismas necesidades nutritivas, y a menudo se exceden.

3. Los padres deben preocuparse del equilibrio y variedad de la dieta, pero la cantidad es cosa del niño, que, si puede evitarlo, nunca pasará hambre.

4. Ser un poco delgado o bajo por naturaleza es tan normal como resfriarse, y comer más de lo necesario no modifica ni una cosa ni la otra, ni sirve para nada bueno.

5. Todo lo que se haga con la intención de que coman más, es, cuando menos, contraproducente.

Con estos mimbres, y la **convicción, firmeza, constancia, comprensión y serenidad** que se requieren para corregir cualquier comportamiento inadecuado, la hora de la comida será una historia absolutamente distinta.

EL TÍTULO: ESTO ES VIDA

Si la vieja función se titulaba: «Objetivo: Comer», la nueva podría ser: «Objetivo: Convivir», o, menos ambiciosamente: «Objetivo: Vivir». Porque en definitiva, se come para vivir, y no tiene sentido sacrificar la convivencia ni dedicar el menor esfuerzo a algo que debe ocurrir de forma natural y gratificante.

EL OBJETIVO NO DEBE SER HACERLE COMER
SINO ACOMPAÑARLE, Y GUIARLE MIENTRAS APRENDE

Es posible que este planteamiento parezca un artificio, con el que, como la zorra a las uvas, se renuncie a lo inalcanzable aparentando despreciarlo. Y no es así. **Se trata de ir más allá del instinto que exige «Dale de comer», sustituyéndolo por el más ade-**

cuado «Ofrécele comida y compañía», que respeta la iniciativa y los legítimos deseos del niño y añade valores tan o más importantes que su nutrición. Porque la alimentación tiene un significado y un contenido muy superior al de un simple aprovisionamiento de combustible, y para las muchas familias que sólo se reúnen alrededor de la mesa del comedor, es importante cuidar con un mimo particular la comunicación que se establece en esos momentos, evitando que interfiera con ella el hecho de satisfacer una necesidad que no requiere mayor atención. Y porque, en todo caso, atender la alimentación del niño nunca exige obligarle.

Así pues, el objetivo debe ser vivir y dejar vivir, **coexistir respetándose y sin presionar al crío para que coma, preocupándose única y exclusivamente de poner a su alcance un menú nutritivamente correcto**. Y así, no sólo comerá bien, sino que pasará un rato, al menos, normal.

EL GUIÓN: SI QUIERES LENTEJAS...

Un viejo y muy querido amigo de la familia, de absoluta confianza, se ha instalado temporalmente en casa. Naturalmente, a la hora de comer **se sienta a la mesa con todos. No se le prepara nada especial**, porque no tiene ninguna enfermedad que lo requiera, **ni se le llena el plato más de lo que desea**. Se come y se charla con él, y la calidad de la comida puede ser objeto de conversación y merecer aplausos, pero si no tiene hambre, **nadie insiste para que coma más**. A lo sumo, se le puede preguntar por si su escaso apetito es consecuencia de alguna enfermedad, y no siendo así, el asunto queda zanjado. Ocasionalmente, hay algo en el menú que no le gusta demasiado, o a lo que tiene verdadero asco, y se sustituye sin más comentarios por la socorrida tortilla o un poco de fruta. Tampoco siempre le apetece hablar, y, de igual forma que **se respetan sus manías, se respeta su silencio**. Incluso es posible que un día todos prefieran comer y callar viendo la televisión, porque en esa casa no se permite todo, pero **es ley el respeto mutuo.**

Por descontado, el hijo no es exactamente un «viejo y querido amigo» y, sin embargo, si fuera preciso elegir una sola palabra para resumir la actitud con la que debe afrontarse su alimentación (y educación), sería la misma en que se fundamenta el trato entre adultos: respeto. **Respeto a sus preferencias (no a lo que sólo son caprichos) y, desde luego, a su saciedad**. Lo cual significa retirarle el plato tan pronto diga que no quiere más (sea porque ya no tiene más hambre o porque ha decidido que hoy no le gusta lo que ayer le encantaba), advirtiéndole tranquilamente y **sin amenazarle ni enfadarse, pues no hay motivo alguno para ello**, que «hay que comer de todo y a las horas», y que, por tanto, no se le va a cambiar por otro plato ni se le compensará con una mayor ración del segundo, ni de postre, ni con un vaso de leche que no estuviera previsto, ni tampoco se anticipará o aumentará la siguiente comida.

SE LE DEBE RETIRAR EL PLATO, SIN INSISTIR NI ENFADARSE,
EN CUANTO DIGA QUE NO QUIERE MÁS.
PERO NO SE LE SUSTITUIRÁ NI COMPENSARÁ CON NADA

Respecto a los caprichos y manías del niño, cuando llegan a alterar el equilibrio y variedad de su alimentación, el problema suele venir de lejos, y hubiera sido más fácil prevenirlo entonces que remediarlo ahora. Pero contra el vicio de pedir, está la virtud de no dar, y **si se niega a comer algo que realmente necesita, basta con esperar a que le apriete el hambre**.

—¿Y dejarle en ayunas?

—No exactamente. Puede desayunar, comer, merendar y cenar eligiendo lo que le guste del menú que tú hayas decidido, pero sólo una ración normal. Y ni un zumo, ni un trozo de pan, ni un vaso de leche más de lo que toque.

—¿Y quién aguantará el escándalo?

—Los mismos que le han enseñado a usar su llanto como un arma, y que a partir de ahora no van a ceder por mucho que llore y patalee.

En realidad, se trata de poner en práctica el clásico «Si quieres lentejas las comes, y si no las dejas», pero sin la menor acritud, eliminando la agresividad con la que solía emplearse: porque hoy toca

comer esto, y no otra cosa, y no hay más. Aunque, claro está, no poniéndole ante un platazo de lo que siempre ha odiado, cuando no tiene inconveniente en tomar otros alimentos del mismo grupo.

Por lo demás, el guión es libre, y la obra no tiene un protagonista principal, ni buenos y malos, ni moraleja, ni apoteosis final. No es una historia de guerra con vencedores y vencidos, sino una comedia de costumbres, unos días más entretenida y otros más sosa, pero en la que todos los actores tienen un papel de importancia similar. Y la sangre nunca llega al río, o al menos, no por culpa de que sobre comida.

—Precioso. ¿Y si no come?

—Será que no lo necesita. ¿Por qué no va a comer? ¿No bebe cuando tiene sed?

—Sí. Pero ¿qué hago si no come nada?

—Aceptar que no tiene hambre, y dejarle en paz. No le pasará nada por ayunar unas horas.

—¿Horas? Un día entero lo tuve sin nada, y tan tranquilo.

—¿Todo el día en ayunas?

—Bueno, un poco de leche, y un zumo a media tarde. Y a base de paciencia, conseguí que cenara bastante bien. Pero acabamos pasadas las doce.

—Habría cenado lo mismo sin necesidad de tanta paciencia. Cuando de verdad no quieren, no comen ni a tiros. Y esa paciencia, tendrías que haberla dedicado a aguantar el tipo, porque tarde o temprano, hubiera acabado por pedir y comer con gusto lo mismo que acepta después de tanto mercadeo, sino más.

—Es que le veo tan delgado, que no puedo...

Pero las cosas son como son, no como las desea el corazón, y el **realismo** es fundamental para educar bien a los hijos. Lo que, aplicado al caso, significa aceptar que al nuestro le pueda sobrar con menos que a otros, que si no para quieto será que no le falta gasolina, que no todos tienen un tipo atlético y sólo la mitad es más alto que la media, que comiendo de más sólo podemos enmendar la plana a la naturaleza para empeorarla, que no sólo los flacos son mocosos y los gorditos tampoco se libran de enfermar, que el hambre es la mejor salsa, y sobre todo, que **los niños sanos suelen tener dos clases de carencias nutritivas: las derivadas de comer poco cuando no hay suficiente comida, y las de seguir una dieta desequilibrada cuando hay demasiada.** Y, por tanto, basta con evitar que los caprichos comprometan la variedad y equilibrio de su alimentación, porque rodeado por la abundancia, un niño física y mentalmente sano puede tener problemas por comer demasiado o mal, pero nunca por comer poco.

Aunque poder despreocuparse de las cantidades supone un alivio para muchos padres, resulta frustrante para otros, que desearían tener mayor capacidad para influir, a través de la alimentación, en la salud presente y futura de sus hijos. En tal caso, y al margen de que enseñarles a comer correctamente ya es mucho, hay que apelar de nuevo al realismo o a lo que es prácticamente su sinónimo, la humildad, porque, siendo muy importante nuestro papel, el azar y el uso que hagan de su libertad también condicionarán su salud y su vida. Y puestos a pensar en el futuro, tampoco debe olvidarse que **los niños aprenden sobre todo de lo que sus padres somos y de lo que les enseñamos, de forma natural y sin pretenderlo, con la convivencia diaria. En la que quedan incluidas, y a menudo son fundamentales, las horas de comer.**

LOS ACTORES: TODOS A UNA

Ponerse de acuerdo respecto a lo que se espera del niño y a los métodos para conseguirlo, es un principio pedagógico tan elemental, como lo es para los intérpretes de una obra el seguir un mismo guión. De hecho, uno de los mecanismos capaces de causar anorexia en un crío, es sentarle entre un padre que lo ve gordo y piensa que come demasiado, y una madre que opina justo lo contrario, sobre todo, si aprovechan la hora de la comida para ponerse a discutir el asunto. Y por poco que se comparta la responsabilidad sobre la alimentación del hijo, **es preciso que la pareja esté convencida y dispuesta a mantener la misma actitud.**

Las abuelas, en general, no son problema; el problema es la abuela (y a veces también el abuelo) del niño del que estamos tratando (que «sólo come a base de mucha paciencia»), especialmente cuando se (le) ha hecho responsable de alguna de sus comidas. Sin embargo, más o menos a regañadientes, también suele aceptar y tratar de seguir las instrucciones de los padres, aunque en algunas ocasiones sea preciso mostrarse resueltos a prescindir de su ayuda para lograrlo. De todos modos, que insista hasta el aburrimiento y mime gastronómicamente al nieto «porque si no, no comería nada» es un pecado venial que se le debe perdonar de antemano. No es, desde luego, la mejor forma de educarle, pero tampoco es ésa la tarea de los abuelos. Que, por otro lado, pueden ser los únicos que sufran las consecuencias, pues los niños saben pronto de qué pie cojea cada uno, y de quién pueden o no sacar algo haciendo el remolón. Otra cosa, tan poco frecuente como inadmisible, es boicotear a los padres, imponiendo más o menos abiertamente un criterio opuesto al suyo: inadmisible, no ya por desautorizarles y entorpecer el aprendizaje de sus hijos, sino por la confusión e inseguridad que éstos sienten cuando las normas cambian constantemente.

En el parvulario y la escuela, igual que en las familias numerosas, no es posible estar tan pendiente de cada niño ni de sus caprichos, de modo que, quizá sea más por necesidad que por virtud, pero el hecho es que se les trata más acertadamente y, en consecuencia, suelen responder comiendo bien. Sin embargo, cuando un niño es etiquetado de «poco comedor», no es nada raro que se cometan con él los mismos (si no más y aún más graves) errores que en casa. Maestros y cuidadores, canguros, personal doméstico, abuelas, abuelos y otros familiares, **quienquiera que les atienda a la hora de comer, debe conocer, aceptar y seguir las instrucciones de los padres.** Y por si es preciso transmitírselas con un mensaje escueto, este podría ser «**Ni presionarle de ninguna forma, ni dejarse presionar por él**».

TODOS LOS ADULTOS IMPLICADOS EN SU COMIDA
DEBEN MANTENER CON CONVICCIÓN LA MISMA ACTITUD

Si para un actor es importante creerse su papel e interpretarlo con naturalidad, más lo es aún cuando no se está en el teatro sino en la realidad, en la que **sólo resultará creíble lo que surja de las propias convicciones.** Por eso, si no se coincide plenamente con lo resumido en el cuadro que encabeza este capítulo, y no se ha abandonado el viejo «Objetivo: Comer», poco importa lo que se diga o haga, porque el niño va a saber que nada ha cambiado. Y si «todo lo que se haga con la intención de que coman más, es, cuando menos, contraproducente», ahora tendremos el agravante de que, viendo cómo sus padres llegan hasta a fingir lo que no creen por hacerle comer, aún se sabrá más protagonista y poderoso.

—Pues no voy a poder. Si me duele que se quede sin comer, me duele.

—Sólo se trata de que mande la cabeza, no de cambiar los sentimientos.

—Entonces, ¿en qué quedamos?

—En que si sabes y crees de verdad que no le va a pasar nada por no comer y reflexionas sobre todo lo que hemos hablado, aunque tu corazón y tu instinto te lo hagan pasar mal, no vas a ceder, no le vas a forzar de ninguna manera ni le vas a dar nada a cambio. Y hoy puede que no coma, pero mañana, veremos.

El problema no es tener un sentimiento de protección más o menos fuerte (del que no se puede ni debe renegar y que tampoco hay motivo para ocultar), **sino dejarse arrastrar por él, permitiendo que domine a la razón.** Además, la verdad siempre es una buena receta, y para el niño es tan bueno saber que a sus mayores les gusta verle comer bien, como comprobar que aún les importa más respetarle y respetarse.

En este sentido, cuanto más radical y visible deba ser el cambio de actitud, con más motivo **se debe advertir al niño** anticipadamente, para que no interprete el fin de la insistencia como un rechazo, o quizá como una nueva estratagema, pero también porque lo natural es no dejarle pensando que sufre alucinaciones. Y explicarle las causas de ese cambio, implica casi siempre reconocer errores anteriores **e incluso pedirle disculpas.**

—¿Disculpas? ¿No es eso perder autoridad?

—Más bien lo contrario. Se respeta más al que no duda en rectificar, que a quien jamás se apea del burro.

—Pero los niños se sienten más seguros mientras piensan que sus padres no se equivocan nunca.

—Se sienten seguros si creen que sabéis guiarles, y aún lo creerán más si os ven frenar y hasta dar marcha atrás cuando convenga. Anda: coge a tu hija y, tranquilamente, le explicas que a partir de hoy se acabó el comer sin hambre, porque acaba de descubrirse que eso es casi tan malo para la salud como el tabaco.

—Un poco excesivo me parece: le diré que acabo de enterarme de que a ella no le hace falta comer tanto.

—Mejor que mejor: exacto.

Aunque errar es humano, reconocerlo no parece serlo tanto, quizá por la lamentable tendencia a considerarnos culpables de lo que sólo es una prueba de nuestras naturales limitaciones. No hay que tener el menor reparo en admitir ante los niños los errores que inevitablemente cometemos con ellos. Hacerlo es ya excusarse, y no supone un acto de vasallaje, sino de respeto, que los hijos merecen al menos tanto como cualquiera. Y no es sólo necesario, sino de estricta justicia, cuando, con la mejor voluntad, han sido, sin embargo, etiquetados, juzgados, culpabilizados y castigados... por no tener hambre!

EL ESCENARIO: NATURALIDAD

Si un mismo crío come perfectamente en el parvulario o en casa de un amigo y fatal en su casa o en la de la abuela, será que el escenario, tomando esta palabra en su sentido más amplio, tiene una gran influencia. Y en este aspecto, son clásicas las recomendaciones para que coman bien:

- Decidir y seguir siempre un mismo horario de comidas.
- Comer siempre en un mismo lugar, distinto del que utiliza para sus juegos.

- Disponer de tiempo suficiente para no tener que ir con prisas.
- No sentarse a la mesa pensando que va a empezar la batalla diaria.
- Tratar de dejar los problemas personales al otro lado de la puerta.
- No aprovechar la hora de la comida para discutir asuntos conflictivos ni menos para hacer ajustes de cuentas.
- Procurar que el ambiente sea tranquilo y relajado.
- Apagar la televisión y la radio.
- Evitar el exceso de ruidos y cualquier tipo de sobreestimulación.
- Dar conversación al niño, cuidando de no ignorarle.
- Hacer que la hora de la comida le resulte agradable.

Todo muy razonable, pero si no ha notado usted nada extraño, es que vamos mal. Porque, si lee de nuevo el párrafo inicial de este apartado, comprobará que acaba con las palabras «para que coman bien», y el cambio de objetivo implica que **no se debe hacer nada especial** con esa intención (negarse a cambiar el menú tampoco es nada especial). Y de hecho, los consejos de la lista, más o menos ingenuos o utópicos, resultan inútiles en la práctica cuando persiguen hacerles comer.

SÓLO CUANDO UN BUEN AMBIENTE ES NATURAL
PUEDE AYUDAR A QUE EL NIÑO COMA MEJOR
(Y A QUE TODOS ESTÉN MÁS A GUSTO)

Una por una, esas recomendaciones son **normas elementales de convivencia, que debieran cumplirse siempre. Coma bien o mal el hijo,** es mejor para todos adaptarse a unas rutinas, estar relajados, olvidar problemas, no discutir, charlar amigablemente... Lo malo es que no siempre es posible, y desde luego, si hay que comer a salto de mata, si la bronca familiar es la norma, y si al chiquillo nadie le hace caso, lo grave no será que se deje el plato a medias. No obstante, tampoco cada día se está de buen humor, ni con ganas de hablar, ni es posible colgar los problemas en el perchero, y en todo caso, sólo el respeto y la cortesía son tan importantes como la naturalidad.

Así, y poniendo como ejemplo el consejo más habitual, **si es mejor apagar la televisión, no es por lo que distraiga el apetito, sino por lo que interfiera en la convivencia**. Y tampoco esto es siempre cierto (los anuncios son muy entretenidos, y hay familias que encuentran tema de conversación en ellos), de modo que ni siquiera esta popularísima recomendación (más aceptada que seguida) debe tomarse como una ley de obligado cumplimiento: la única, una vez más, es el respeto mutuo (que suele hacer, efectivamente, muy aconsejable no ver la tele, y menos durante las comidas).

LOS ENTREACTOS: NO HAY SERVICIO DE BAR

Considerando las tres o cuatro comidas diarias como los actos de la función, los entreactos corresponderían al resto de la jornada, durante el cual, en principio, no se debiera comer. Y si la propuesta de cambio podía parecer hasta ahora muy permisiva y tolerante, aquí llega ya la hora de la disciplina y el rigor.

Sin embargo, y a pesar de lo que a veces se dice, comer «entre horas» no es malo para la salud. El problema es que, casi siempre, se trata de dulces o chucherías de poco valor nutritivo, ideales en cambio para alimentar a los microbios responsables de la caries, o de embutidos, galletas y aperitivos que sacian el hambre desequilibrando la dieta. Pero, sobre todo, es evidente que **si el niño no come debidamente cuando corresponde, no se le puede permitir tomar nada de nada, salvo agua, hasta que llegue la hora de la siguiente comida, que tampoco será más abundante ni diferente de lo previsto por compensar el hambre atrasada**.

Negarles el pan cuando lo piden, siempre es más duro que dejar de insistir para que lo acepten, pero **educar a los hijos requiere aprender a decir que no**. Y si el conflicto con la comida es el resumen y reflejo de un problema general, resolverlo, exige y conduce a un cambio de actitud global y a un positivo replanteamiento de su educación.

Se trata de enseñarles las reglas del juego de la convivencia, y el significado de una palabra fundamental: «no». **Con decisión, convicción y firmeza**, puesto que, ahora sí, pretendemos que el niño coma bien y cuando debe. Y para ello, es preciso resistir la tentación de aprovechar «ahora que tiene hambre», no satisfaciendo su deseo (ni el nuestro), y sobre todo, no dejarse seducir por carantoñas ni promesas, ni ceder ante rabietas y llantos, sino mostrarse inflexibles y más tozudos que ellos, que van a movilizar todos sus recursos para doblegarnos, quizá incluso más por amor propio que por hambre.

—Es que se pone como un loco.

—Normal. Se enfurece porque cree que tiene derecho a lo que le niegas. A fin de cuentas, siempre has acabado por ceder, con lo que, además, le has enseñado que ésa es la forma de conseguirlo. Y por si fuera poco, tiene herido el orgullo y vacío el estómago.

—¿Y qué puedo hacer?

—Para empezar, estar convencida y decidida a no ceder bajo ningún concepto, exactamente igual que harías para impedir que se acercara a un precipicio. Porque si no lo estás, te lo verá en los ojos y sabrá que sólo necesita atornillarte un poco más.

—¿Un poco? Dos horas berreando estuvo ayer, que hasta se daba cabezazos con la pared, y acabamos todos histéricos. No hay forma, no puedo.

—Si llega tan lejos, es porque llevas mucho tiempo peleándote con él, y perdiendo, lo cual es aún peor. Vamos a ver: imagina que te niegan un aumento de sueldo. Te pones a llorar, y de momento ni caso, pero a la media hora de concierto, te lo conceden. No sólo has comprobado la utilidad del llanto, sino algo mucho peor: que la cuestión es insistir. Mañana, llorarás cuatro horas si hace falta, y si de nuevo te lo aumentan, que te sea leve.

—¿A mí? Si acaso, al dueño del negocio.

—Y a ti, porque nadarás en la abundancia, pero en un mar de lágrimas.

Los niños agradecen el saber a qué atenerse, y por el contrario, cuando comprueban que entre el «no» y el «sí» sólo median unos minutos de llanto, además de aprender un método que el día de mañana no les servirá de nada, tampoco ellos suelen pasar una infancia muy feliz. Es cierto que a veces tenemos el «no» en la punta de la lengua, y **si el crío se queja con razón, hay que dársela: pero a la primera y porque la tiene, y nunca (nunca) si no es así**, por más que se ponga hecho un basilisco y con mayor motivo precisamente por eso. En tal situación, lo mejor que se puede hacer es enviarles a su cuarto y esperar a que amaine la tempestad, porque sin público no hay teatro ni peligro de que, tratando de intimidarnos, acaben haciéndose daño de verdad. Únicamente hay que atenderles cuando llegan a perder los nervios y ya no saben ni por qué lloraban, acompañándoles hasta que se tranquilicen, pero sin ni siquiera pensar en ceder.

Y no hay otro sistema. Cada cual es libre para escoger los muchos o pocos límites que quiere poner a sus hijos y decidir o acordar con ellos (mientras pueda) si les permite llevar el pelo al aire o deben ir engominados, pero **la única forma de conseguir que aprendan a respetar una determinada norma, es manteniéndola con firmeza.**

—Los gritos se oirán desde aquí.

—Pues sí que tiene pulmones el muchacho.

—Bueno, yo tampoco me quedo corta.

—Mal asunto, entonces. Tanto da si llora por la comida, por no querer quedarse en la cama, o por negarle lo que sea, que ya puede hacer el pino si quiere, porque no vas a echarte atrás. Pero no tienes por qué discutir ni enfadarte con él. Y si no te lo tomas con calma, es porque en el fondo piensas que vas a ceder.

—Empiezo bien, pero no quiere saber nada de nada, y por más explicaciones que le doy, no para de llorar y de repetir que le dé el flan, que le dé el flan... hasta se tapa los oídos con las manos por no escucharme.

—Es que tampoco le has de dar ninguna explicación. A la hora de comer ya se las distes todas, y luego no has de perder un minuto con ese asunto, ni riñéndole, ni diciéndole lo que ya sabe y no quiere oír, porque, además, el mayor castigo es no hacerles caso, y tanto las broncas como esas explicaciones les sirven para seguir de protagonistas, cosa que, naturalmente, les encanta. Igual que ver sufrir a sus madres.

—Son tan malos...

—Ni en broma. Un niño se portará mal, o mejor dicho, no hará lo que queremos los mayores, pero nunca es malo.

—Ya. Es un decir.

—Sí. Pero les llamamos malos y más de uno se lo toma al pie de la letra.

Y también se siente culpable por tiranizar o al menos disgustar a sus padres, aunque fueron ellos quienes le pusieron en el trono o le piden imposibles, como, por ejemplo, comer sin hambre, o dejar de insistir cuando sabe que al final va a obtener lo que quiere. Y se le rechaza, más o menos explícitamente, por tener un comportamiento realmente difícil de soportar, pero tan lógico en el niño que conoce el poder de su llanto como propio del que se siente culpable... Un círculo vicioso, muy a menudo puesto en marcha precisamente a partir de su comida, del que es relativamente fácil salir si se actúa con determinación.

SIN DUDAS NI DISCUSIONES, SIN ENFADOS Y SIN PERDER
LA CALMA, PERO MIENTRAS NO COMA BIEN,
ENTRE HORAS SÓLO SE LE PERMITIRÁ TOMAR AGUA

Ni una miga de pan ni una gota de leche, pero tampoco demasiadas palabras y ni una mala cara, pues el niño no busca explicaciones sino algo tan razonable como convencernos y poder así saciar su apetito (o demostrar su poder), y si lo hace de malos modos es porque se le habrá acostumbrado a ello. No entrar pues en polémicas, y menos aún enfadarse o reñirle por no haber comido cuando debía, que bastante tendrá quedándose en ayunas (y sin salirse con la suya).

—Ése es el problema. Yo no sé si lo aguantaré, pero lo que es su abuela...

—Sólo has de tener claro que a tu hijo no le va a pasar nada por esperar hasta la hora de la siguiente comida. Házselo ver a la abuela, pero tanto si lo entiende como si no lo quiere entender, debes cuadrarte y hacer valer tu autoridad.

No siempre es el niño quien pone difíciles las cosas, pues a veces él resiste impertérrito sin probar bocado, y lo duro para los padres es soportar su propia ansiedad, multiplicada por la de una abuela desesperada. Cuando se les deja de presionar, **muchos críos pueden pasarse más de un día y de dos viviendo del aire (y de sus reservas) hasta que el hambre vence su pundonor.** Es comprensible que ese período de tiempo se haga eterno para sus familiares, pero todavía ha de darse el caso de que a un niño física y mentalmente sano le suceda algo malo por no querer comer y, por tanto, **todos los adultos que le rodean deben colaborar manteniendo la norma a rajatabla** por más tiempo que aguante en ayunas.

EL AYUNO VOLUNTARIO
NUNCA ES PELIGROSO PARA UN NIÑO NORMAL

Ni por miedo, ni por no oírle llorar, ni por hacerle una gracia, **nadie debe darle nada que no sea agua:** nadie, es decir, **tampoco el panadero** que a veces le regala un bastón, **ni los amiguitos del parvulario**, que casi a diario celebran algún cumpleaños repartiendo las ya lamentablemente típicas bolsas de «chuches»: que siendo malas para los que comen bien y terribles para los obesos, podrían desaparecer del mapa con sólo que los padres se pusieran de acuerdo en sustituirlas por cromos, globos, cuentos, calcomanías, cuadernos para pinturas... Hoy, hay de todo para regalar, y tan o más barato que esos dulces.

En definitiva, **se puede ser muy tolerante, se debe rectificar todo lo que haga falta, y es bueno acompañar cada prohibición con una oferta alternativa, pero saber decir que «no» y mantenerlo sin pestañear, es el principio pedagógico que más suele haberse ignorado y precisan los niños que comen mal y se portan peor**, y cuya crianza se ha convertido por ello en una experiencia lamentablemente penosa.

LA CRÍTICA: MÁS QUE UN ÉXITO

Raras veces la noche de estreno es la mejor, y si las horas de comer estaban siendo un desastre, tampoco es de esperar que en los primeros días de la nueva etapa sean maravillosas. **Al principio, es incluso posible que el niño coma menos o se pase el día llorando**, airado por no poder saciar su apetito con lo que le gusta, y más aún por la sorprendente firmeza e indiferencia que muestran sus padres.

LOS PRIMEROS DÍAS PUEDEN SER DIFÍCILES,
PERO SI SE APLICA CON FIRMEZA, EL REMEDIO ES INFALIBLE

Cuanto mayor sea la **determinación** que el niño adivine en sus padres, más breve será esa fase, que debe afrontarse con **calma y**

comprensión, sin enfrentarse ni culpabilizar al pequeño. **No ceder, pero evitar el cuerpo a cuerpo y no reñirle tampoco** por tratar de obtener lo que desea, ni por emplear los métodos que hasta ahora le habían servido, como haría cualquiera que estuviese en su lugar. Dos, tres días a lo sumo, bastarán para que abandone una estrategia que ahora se le revela totalmente ineficaz, y antes aún comerá todo lo que precisa. Y si es «poco», será que él no necesita más.

—Pues vaya negocio. Porque si come lo mismo que antes, no veo yo lo que habremos ganado.

—Comiendo lo mismo que antes, pero a gusto, sin discusiones, ni peleas, ni sufrimientos, yo creo que es mucho lo que se habrá ganado. Y si, además, ha aprendido que «no» quiere decir «no», os puede cambiar la vida.

—Sí. Es verdad. Aunque me temo que yo voy a seguir sufriendo lo mismo.

—Escúchame bien: si lo que come me parece suficiente a mí, y él lo demuestra ganando peso y creciendo razonablemente, y en cada revisión compruebo que su estado nutritivo es correcto, y el muchacho no para quieto, y no se resfría ni enferma más de lo normal...

—El año pasado cogió una pulmonía.

—Nada del otro jueves, y otra cosa sería que tuviese una cada año, pero aún en ese caso, más probable es que fuese debido a una alergia o a un problema de nacimiento, que a una mala alimentación. Pero sigo: si te digo que el niño está bien y que come lo normal, y no dejas de sufrir porque a ti te parece poco, no es él sino tú quien tiene un problema.

Y a veces, grave. Desde luego, mal iríamos si los padres no se preocupasen por la alimentación de su prole, y es absolutamente normal sentir una cierta desazón ante un hijo más bien flaco o que come con desgana, por mucho que sus ojos den testimonio de su salud y confirmen los juramentos del pediatra. Lo que no lo es tanto, es atormentarse en contra de toda evidencia y de cualquier razonamiento, no poder someter y orientar en la dirección adecuada el deseo de que el niño coma más, y sobre todo, no es lógico aceptar resignadamente toda la frustración y el dolor que se puede llegar a sentir, sin ni siquiera **plantearse la posibilidad de buscar ayuda psicológica**, exactamente igual que se acude al médico para aliviar cualquier otro tipo de molestia. Porque, además, físico o mental, el sufrimiento es una señal de alerta que nadie debiera ignorar si valora su salud y su vida, tan valiosa y única, obviamente, como la del niño.

CON EL PROBLEMA DE LA COMIDA SE PUEDEN SOLUCIONAR OTROS QUE TAMPOCO SON PROPIAMENTE DEL NIÑO, SINO DE SUS PADRES

Los adultos quizá debiéramos admirarnos menos y aprender más de la natural «sabiduría» de los niños. Pero aun prescindiendo de esto, las dificultades que entraña su crianza pueden ser extraordinariamente fértiles para los padres. **El asunto de la comida, lleva muchas veces a rectificar actitudes malsanas o a descubrir problemas personales** que deben ser encarados y que en ocasiones se resuelven por el simple hecho de salir a la luz.

FUTURA PROGRAMACIÓN: PARA TODOS LOS GUSTOS

Fomentar la variedad, comiendo de todo sin abusar de nada, es la mejor forma de asegurar una nutrición óptima. Pero el camino que lleva a lo ideal pasa por lo que es solamente bueno o un poco menos malo que ayer, y lo prioritario es lograr, actuando tal como se ha indicado, que la alimentación sea equilibrada, y aún más que eso, agradable.

Acabado el drama, **es relativamente fácil enseñarles a apreciar nuevos sabores y texturas**. Es cierto que los pequeños suelen ser más bien conservadores y se muestran reticentes ante las novedades gastronómicas, pero no tanto como para que eso impida alternar carnes rojas y blancas, pescados blancos y azules, frutas y hortalizas verdes y amarillas. En cualquier caso, es preferible pedir al pediatra unas vitaminas para suplementar una dieta demasiado monótona, antes que pretender forzarles a comer.

EN LA VARIEDAD ESTÁ EL GUSTO,
PERO TAMPOCO EL PALADAR SE EDUCA EMPLEANDO LA FUERZA

Ayudarles a superar manías y **diversificar su dieta puede requerir un cierto tiempo y una insistencia paciente y serena**. Desde esta actitud, los padres descubren pronto que el niño rechaza la novedad en su plato, pero se interesa por la del ajeno, mientras que el engaño suele ser imposible y contraproducente.

No es preciso decir que la forma de preparar los alimentos puede hacer milagros, ni que también se come con los ojos. Pero hay que saber **«vender el producto» sin apartarse de la política de relativa indiferencia y absoluto respeto** que se viene recomendando. El niño ya sigue una dieta suficiente y equilibrada, no hay prisa en que coma (casi) absolutamente de todo («casi», porque si no sería un caso único) y no se le va a obligar, persuadir, castigar ni premiar, sino **sólo sugerir** que pruebe algo que sabemos le conviene y va a acabar por aceptar, si no con entusiasmo, al menos sin reparos. Más o menos, igual que se haría para adaptar a un amigo extranjero a la gastronomía local: y no todo seduce tan fulminantemente como el pata negra.

La alimentación del hijo resume y simboliza su crianza. Enseñarle a comer es parte de una educación, cuyo objetivo último sería hacerle capaz de descubrir y aprovechar en libertad el significado y valor de su vida. Pero **los niños aprenden lo que viven, y la hora de la comida es un buen campo de entrenamiento**.

119

Por último, y aunque ya es bastante salir del teatro habiendo pasado simplemente el rato, no se debe renunciar a la posibilidad de gozar de una representación espléndida de cuando en cuando. Comer no tiene por qué ser sólo un mero trámite con el que se satisface una necesidad fisiológica: placer, diversión, cultura, comunicación...; **más allá del hecho de nutrirnos, la alimentación aporta otros beneficios**. Y si hay comida para todos los gustos, también cada individuo puede valorarla por distintos motivos.

Sólo desde esta perspectiva es aceptable una recomendación muy en boga, que de otro modo resulta tan o casi más absurda que cualquiera de los clásicos métodos «para hacerles comer». Porque, **implicar al niño en la elección y preparación de su menú**, poniéndole ante el fogón y los pucheros y hasta experimentando recetas, **puede ser un divertido juego que le enseñe a disfrutar doblemente de su comida, o una forma más de perder el tiempo**, tan forzada como estéril (cuando no peligrosa: los más pequeños pueden acabar literalmente escaldados). Naturalmente, el que sea una cosa o la otra sólo dependerá de lo que realmente se pretenda, y el fracaso va siempre de la mano con el empeño por hacerles comer, sea cual sea la artimaña tras la que se oculte.

JUGAR A COCINITAS CON SEGUNDAS INTENCIONES
NO SIRVE PARA NADA

En todo caso, no se puede empezar la casa por la ventana, y más que los fundamentos de la cocina, convendría enseñarles (la adolescencia está a la vuelta de la esquina) la teoría, y sobre todo la práctica, de una alimentación saludable, resumida en el viejo consejo «Comer de todo sin abusar de nada», aunque también en el no menos clásico imperativo «¡Come y calla», convenientemente democratizado: **Comer y no callar.**

RESUMEN ESTRATÉGICO PARA CASOS DESESPERADOS

Recapitulación y descenso al terreno práctico: este resumen tiene todas las ventajas, pero también los inconvenientes, del paso de lo general a lo particular y del fundamento a la norma. Remediar el problema del niño que no come bien requiere actuar con una convicción que sólo se adquiere tras analizarlo en detalle, y no hay receta que aplicada mecánicamente lo logre. Por eso, cuanto más atractivo y adecuado a su situación le parezca el título de este capítulo, mayor motivo para empezar el libro por la primera página y no por ésta.

Hecha esta salvedad y advertencia, aquí sigue el plan que solucionará el problema.

1. PLANIFIQUE UN MENÚ «BÁSICO» DIARIO PARA TODA LA SEMANA

Como si se tratara de repartir los servicios mínimos que deben cubrirse en una huelga, distribuya a lo largo del día según le parezca más conveniente estos alimentos «críticos»:

- Medio litro de leche, o derivados en cantidad equivalente.
- 30-40 gramos de carne o pollo (el doble a partir de los 6 años) o un plato mediano de legumbres (una o dos veces por semana).

- 30-40 gramos de pescado (el doble a partir de los 6 años), o un huevo (dos o tres veces por semana).
- Una naranja o un tomate.
- Otra pieza de fruta o una ración de ensalada.

El resto no debe causar problemas. Los hidratos de carbono (pan, arroz, pasta, patatas....) son lo primero que se busca cuando se siente hambre (porque son lo que antes la sacia) y, además, no hay niño que los rechace todos, de modo que, si acaso, habrá que evitar los excesos. Y respecto a las verduras, su interés nutritivo no radica en las escasísimas calorías que aportan, y si son motivo de conflicto, se puede prescindir tranquilamente de ellas en una primera fase, sobre todo si el niño toma a cambio más fruta.

Así, el menú de un día podría quedar como sigue:

Menú	*Básico*	*Complementario*
Desayuno:	Una taza de leche	Pan, cereales, fruta
Comida:	50 g de carne	Pan, pasta, féculas
	Un zumo de naranja	Verdura, ensalada, fruta
Merienda:	Una taza de leche	Pan, fruta
Cena:	50 g de pescado	Pan, pasta, arroz, féculas
	Una pieza de fruta	Verdura, ensalada, fruta

Desde luego, no es necesario pesar cada día la carne ni el pescado, pero sí al principio, para hacerse una idea aproximada de la cantidad a que corresponde. No olvide las legumbres, al menos una vez por semana, ni tampoco el aceite de oliva, aliñando ensaladas y verduras, o con pan.

Aunque lo más deseable es que toda la familia pueda compartir un mismo menú, procure adaptar su preparación a las preferencias del niño y respetar sus manías. Si alguno de los alimentos «básicos» está incluido en la lista de los más odiados por su hijo, sustitúyalo por un equivalente (fruta por vegetales crudos, pescado por huevo, carne por pollo, leche por derivados). Tenga en cuenta que, por el momento, es suficiente cuidar el equilibrio de su dieta: la variedad ya vendrá más adelante, y la cantidad es cosa del niño.

2. VISITE AL PEDIATRA PARA HABLAR EXCLUSIVAMENTE DE ESTE ASUNTO

Su pediatra ya habrá descartado (seguramente más de una vez y más de dos) que tras la falta de apetito del niño se oculte una enfermedad. Ahora debe supervisar este proceso, igual que cualquier asunto relativo a su salud, y en concreto, dar su visto bueno y quizá adecuar el menú «básico» a las circunstancias de su hijo.

3. PLANTEE LA CONVENIENCIA DE DARLE VITAMINAS O MEDICAMENTOS

Si, además de comer mal, tiene una fobia particular a las frutas y a cualquier vegetal crudo, o a la carne, un suplemento compensará la carencia de vitaminas o hierro que una dieta sin esos alimentos comportaría, permitiendo aplazar ese aspecto del conflicto.

En casos más extremos, cuando el problema venga arrastrándose desde hace mucho tiempo y se acerque ya a la «anorexia psicoafectiva», el pediatra también puede recomendar ayudarle temporalmente con algún medicamento para abrir el apetito.

4. PESE AL NIÑO

Y mírele a los ojos. Anote el peso en una tarjeta, y escriba al lado: «No hace cara de estar pasando hambre».

5. ADVIÉRTALE DE LAS NOVEDADES QUE SE AVECINAN

Ensáyese mentalmente primero: «A partir de hoy, no te vamos a achuchar para que comas más, porque según parece, no lo necesitas. Comerás sólo lo que quieras, pero de lo que toque y cuando toque, claro, de modo que procura no quedarte justo, porque entre horas la tienda se cierra. Y no es por fastidiar, pero de chuches, ni media». (Si se descubre diciendo esto en un tono agresivo, copie 100 veces «Mi hijo no tiene la culpa de comer menos y/o ser más delgado de lo que a mí me gustaría» y repita este punto hasta que la advertencia suene como tal, y no como una amenaza.)

6. OBTENGA EL ACUERDO DE TODOS LOS ADULTOS IMPLICADOS EN SU CUIDADO

Me tenéis que dar vuestra palabra: ni insistirle ni consentirle, ¿de acuerdo?

Y, nada de cruzar los dedos por detrás de la espalda, que ya somos mayorcitos

Explicando bien lo que se pretende, es muy raro no lograr convencerlos, pero si alguien se muestra reticente y no se aviene a razones, haga valer su autoridad: al niño no se le va a insistir para que coma más de lo que quiere ni se le va a consentir que coma lo que no debe o cuando no debe. Si es preciso, renuncie a la cooperación de los disidentes. Y no olvide el parvulario ni los canguros.

7. MENTALÍCESE ANTES DE CADA COMIDA

Por ejemplo:

a) Nuestro hijo está sano.

b) La naturaleza no es tonta.

c) No le va a pasar nada por saltarse esta comida.

d) Según mi madre, yo también comía fatal, y aquí estoy.

f) Cualquier cosa antes que forzarle.

g) Cualquier cosa antes que amargarnos mutuamente la existencia.

h) Nuestra responsabilidad es educarle, no servirle.

i) Vamos a comer, no a la guerra.

Etcétera. Haga su propia lista contestándose a lo que más le duela y fíjela en la puerta de la nevera, pero mantenga el último latiguillo propuesto: no se avecina ningún drama, porque sólo va a acompañar a su hijo mientras come, y no a pelearse con él.

8. PONGA AL NIÑO LA RACIÓN DEL MENÚ «BÁSICO» QUE CORRESPONDA Y UNA PEQUEÑA PORCIÓN DEL «COMPLEMENTARIO»

Por ejemplo:

- Desayuno: Una taza de leche y cuatro galletas.

- Comida: Medio bistec (30-60 g), patata con judía verde, pan.

- Merienda: Una taza de leche y un plátano.

- Cena: Una rodaja de merluza (30-60 g) con arroz y un tomate crudo.

En el supuesto de que el crío pregunte si la cosa va de broma, procure que no le vea frotarse las manos, y respóndale que podrá comer más si quiere, pero no antes de acabarse todo lo que tiene en el plato, incluyendo lo que no le gusta tanto.

Si, por el contrario, esto ya es mucho para lo que suele comer (en la mesa), empiece por lo que hemos llamado «básico» (leche, carne, pescado y fruta) y no le dé ni un gramo de lo «complementario» (pan, galletas, primeros platos en general) hasta que se lo acabe.

9. TRÁTELE COMO A UN ADULTO

Con el mismo respeto y deferencia, pero tampoco más. Ni riñas si no come, ni fiestas si come, sin darle ningún protagonismo por ese motivo. A lo sumo, puede permitirse alguna ironía cariñosa que le relaje y le haga ver que la guerra ya acabó. Y si el niño prefiere explicar su vida a comer, que hable todo lo que quiera.

10. NO DISCUTA A CAUSA DE LA COMIDA BAJO NINGÚN CONCEPTO

Acepte que su hijo deje intacto el plato sin hacerle el menor comentario al respecto. No finja una indiferencia que no siente, pero mantenga firmemente la decisión de no presionarle. Y sobre todo, resista sus protestas, porque probablemente tendrá hambre «de otra cosa». Debe mostrarse tajante, con la calma y seguridad de quien ni siquiera está dispuesto a negociar. No se enfade, no le dé explicaciones, ni dedique al asunto más tiempo del necesario para decir «no». Y si se pone muy pesado, mándele a su cuarto. El respeto debe ser mutuo.

11. DISFRUTE DE SU PROPIA COMIDA Y DE LA COMPAÑÍA DE SU FAMILIA

O al menos, no permita que este asunto perturbe la coexistencia pacífica. La vida es breve.

12. LIMITE LA DURACIÓN DE LA COMIDA

Aunque conviene darles tiempo para comer con calma, y algunos son verdaderamente lentos, nunca pueden necesitar más de tres cuartos de hora (lo otro es resistencia pasiva). Pero si nada más sentarse a la mesa, el niño dice que no quiere nada de nada, es usted muy libre de dejarle irse, o de solicitar, ya que no su crítica gastronómica, al menos su presencia.

13. NO LE DÉ ABSOLUTAMENTE NADA ENTRE HORAS

Y no permita que nadie lo haga. Excepcionalmente, si el primer día el niño dice no haber entendido bien de qué iba la nueva película, y sin esperar a que insista, puede otorgarle el beneficio de la duda y darle algo de comer, no sin advertirle antes de que mañana ya no le valdrá esa excusa ni ninguna otra. A partir de ahí, aunque se suba por las paredes, agua y gracias.

14. NO MODIFIQUE LA SIGUIENTE COMIDA

Ni poniéndole lo que se ha dejado en la anterior, ni triplicando las raciones para compensar el hambre atrasada. Trátele (en este sentido) igual que harían en una pensión...

15. MANTENGA LA CALMA Y EL HUMOR

Aunque el niño se pase más de un día sin comer (o casi, porque la leche también cuenta y el medio litro diario le da muchas calorías), no le va a suceder nada: acabará por comer a sus horas, de todo, y tanto como necesita. Y tampoco tiene la culpa de haber nacido en el mundo de la abundancia ni de estar acostumbrado a conseguirlo todo a base de llorar.

16. SI NO ES CAPAZ DE SEGUIR ESTAS NORMAS, HAGA UN AUTOEXAMEN

Relea primero el o los capítulos en los que se desarrolla el punto que no logra poner en práctica, y comente con el pediatra sus dificultades. Quizá es que no logra convencerse de que el niño es delgado por naturaleza, o de que tenga suficiente con tan «poca» comida, o lo que no soporta es oírle llorar y tiene en casa un pequeño tirano.

Hable antes con su pediatra si lo prefiere, o lea el próximo capítulo por si alguno de los problemas particulares que en él se abordan coincide con el suyo, pero sea lo que sea, si no consigue superarlo y es usted quien está sufriendo, es también usted quien necesita ayuda. No será la primera vez que un aparente problema del niño sirve para detectar y resolver trastornos de sus padres. (Llegados aquí, alguna madre puede hacer un gesto de resignación

—«lo mío no vale la pena»— demostrando tener su autoestima por los suelos, o haber perdido la esperanza, lo cual define una enfermedad llamada depresión, tan dolorosa y digna de tratamiento como las apendicitis. Si es su caso, pida ayuda: por usted misma y por su hijo.)

17. A LOS QUINCE DÍAS, PESE DE NUEVO AL NIÑO Y HAGA BALANCE

Ante todo, vuelva a mirarle los ojos, y si le ve igual de vivo y alegre (o más) que hace dos semanas, prueba superada. Respecto al peso, quince días es muy poco tiempo para valorar cualquier cambio, pero lo más lógico es que se mantenga o haya aumentado algo, pues quizá el niño no ha comido más, pero tampoco menos que antes.[1] La diferencia es que se ha acabado el drama, y se están sentando las bases para normalizar su alimentación.

Una clara pérdida de peso es muy improbable, salvo que el crío fuese uno de esos (nada raros) milagros de la naturaleza, que, comiendo «poco», están más bien llenitos (si no descaradamente obesos) y dos semanas de libertad le han permitido ajustar la línea. En todo caso, consulte con el pediatra, pero si el niño está contento y «funciona», seguro que puede seguir quince días más (y seguramente el resto de su vida) con el mismo plan.

18. VAYA A POR NOTA

A partir del momento en que la alimentación, además de suficiente y equilibrada, sea también agradable, debe empezar a pro-

---

1. Si engorda sin comer «nada de nada», interrogue hábilmente a la abuela y/o al encargado del supermercado antes de convocar la rueda de prensa.

curar también la variedad. El conservadurismo y las fobias de los niños (que van a ser tratadas a continuación) se oponen a ella, pero tiene mucho tiempo por delante para ir aproximando a su hijo al ideal «comer de todo sin abusar de nada», así como para enseñarle los fundamentos de una dieta saludable, y brindarle la posibilidad de disfrutar de los placeres de la mesa: que pueden o no empezar en el mercado y pasar por la cocina, pero entre los que nunca es el menor el proporcionado por la buena compañía.

EL NIÑO YA COME, PERO...

Más o menos vinculados y en muchos casos tratados junto con el problema general del niño que «no come», se resumen y reúnen aquí los diversos conflictos que aún puede plantear la alimentación de un crío del que ya no cabe decir eso, porque, comer, lo que se dice comer, va comiendo, pero es que...

NO DESAYUNA BIEN

Éste es un frecuente y razonable motivo de inquietud para los padres, especialmente si tienen presente la recomendación de procurar que el desayuno aporte el 20 % de las calorías diarias, y más aún cuando a continuación se añade que el rendimiento escolar de los niños que no desayunan bien es bajo.

Sin embargo, estos datos deben ser debidamente interpretados. En primer lugar, es fácil alcanzar el 20 % propuesto. Por ejemplo, a los cinco años se requieren unas 1500 calorías diarias, y, por tanto, 300 en el desayuno, pero una taza de leche, 3 galletas y una pera, aportan casi 400. Así pues, **es suficiente con una pieza de fruta, y el cuarto litro de leche o derivados en cantidad equivalente, acompañados de pan, galletas o cereales a discreción** (es decir, a criterio del consumidor), o del típico bocadillo para tomar a media mañana, más o menos grande según la edad y el hambre del niño.

Respecto a la influencia del desayuno sobre la capacidad de aprendizaje, la mayor parte de los estudios que la demuestran se refieren a niños de muy bajo nivel socioeconómico, a los que no les falta apetito, sino con qué saciarlo, y que, lógicamente, mejoran cuando el colegio se encarga de suministrarles un vaso de leche. Y aunque es cierto que también entre los normalmente nutridos se observan mejores promedios en el grupo de los que desayunan bien, **no todos los niños que desayunan relativamente poco van a tener por eso un peor rendimiento escolar.**

De cualquier forma, las más de las veces es un problema de tiempo. Las prisas (y los gritos que suelen acompañarlas) no ayudan a abrir el apetito, y pocos niños tienen suficiente con media hora para acabar de desperezarse, renunciar a la dosis matutina de televisión, asearse, vestirse, preparar el cargamento de libros y tomarse a la carrera el mínimo vaso de leche con galletas, de manera que lo sensato es procurar que se levanten (y acuesten) antes.

LEVANTARSE CON TIEMPO SUFICIENTE
SUELE BASTAR PARA QUE DESAYUNEN BIEN

Sacrificar media hora de la noche (casi siempre de televisión) para poder desayunar en familia, o al menos con calma, merece en todo caso la pena. Y cuando, gracias a ello, se evita la primera discusión del día, y el pequeño lo inicia en mejores condiciones físicas y psíquicas, se demuestra una vez más que los problemas de su alimentación están íntimamente relacionados con cuestiones de tipo general, en este caso, de orden y reparto juicioso del tiempo.

El hecho es que, también el apetito requiere un cierto tiempo para despertar por la mañana. A algunos niños se les abre tomando un poco de agua azucarada o zumo de frutas; otros simplemente necesitan esperar. Pero, a veces, lo que les falta son ánimos para afrontar una nueva jornada, y si tienen dificultades en el colegio o se sienten poco seguros de sí mismos, los primeros minutos del día pueden resultar muy cuesta arriba, y **el estóma-**

go acusa fácilmente la ansiedad. Tampoco es raro que, los más pequeños, tras haber sido vestidos a la fuerza y antes de ser llevados literalmente a rastras por la calle, traten de retrasar aún más la hora de entrada en el parvulario mirándose del derecho y del revés el vaso de leche mientras deciden si toman o no un sorbito. Y nada de esto es, desde luego, un problema de falta de hambre.

CENA MUY POCO

Casi siempre se trata de niños que llegan a la noche agotados y sin fuerzas ni para abrir la boca, o que han comido, y sobre todo merendado, demasiado. **La merienda-cena puede ser la solución** en ambos casos, aunque tampoco estará de más plantearse antes si los unos no están sobrecargados de actividades, y si los otros meriendan lo que deben o se atracan de galletas y dulces.

Por otro lado, casi siempre en los colegios y a menudo en casa, a la hora de comer se les sirven segundos platos con proteínas más que suficientes para todo el día, y **un poco de pasta o arroz, una pieza de fruta y un vaso de leche es una buena cena para el niño que a mediodía ha tomado una ración generosa de carne o pescado.**

SI A MEDIODÍA HAN TOMADO MUCHA
CARNE O PESCADO, POR LA NOCHE PUEDEN
PRESCINDIR DEL SEGUNDO PLATO

Cuando no es ése el caso, si la cena se limita a lo básico (una rodajita de pescado o una tortilla francesa junto con un poco de ensalada o fruta y la leche), lo más probable es que se queden con hambre (a menos que hayan abusado de la merienda) y acepten también un primer plato más o menos abundante que completará una cena normal.

SÓLO COME BIEN EN EL COLEGIO

La posibilidad de que esta sospechosa situación sea debida a que todas las necesidades nutritivas del niño queden satisfechas con el menú escolar, queda descartada cuando se constata que durante los fines de semana, ni cena ni come bien. Y siendo la explicación obvia pero incómoda, es comprensible que a veces se prefiera pensar que en el colegio no se enteran de lo que el niño realmente come.

Pero es cierto, y muy habitual. Mientras que en casa el drama es mayúsculo, en la escuela, sin juegos, ni vídeos, ni demasiadas contemplaciones, ni necesidad de que nadie les lleve la cuchara a la boca, comen lo que deben en un tiempo muy razonable. Y admitiendo que esto es así, sobran comentarios.

CUANDO COMEN BIEN EN EL COLEGIO Y MAL EN CASA,
ES EVIDENTE DÓNDE ESTÁ Y CUÁL ES EL PROBLEMA

Si acaso, conviene puntualizar que **no se puede culpar al niño de ese comportamiento.** Él interpreta su papel de la forma que cree más adecuada a las circunstancias, y si en la escuela se siente a gusto comiendo con sus compañeros (y lo mismo que todos), en casa intenta obtener otros beneficios con una actitud negativa que tampoco le resulta agradable. Pero es su papel, se ha adaptado a él y no lo abandonará mientras los personajes que le dan réplica no cambien de guión.

EN EL COLEGIO NO COME NADA

Prescindiendo de las más o menos justificadas críticas a los cocineros, habituales entre los mayorcitos y que tampoco suelen llegar muy lejos, es muy raro que los niños se nieguen a comer en la escuela. Y cuando esto ocurre, o el menú es verdaderamente malo, o los cuidadores desconocen su profesión, o, mucho más frecuentemente, todo le parece poco a un crío acostumbrado a vivir en un hotel de cinco estrellas y tres tenedores.

NEGARSE A COMER EN LA ESCUELA
PUEDE INDICAR FALLOS DE COCINA O DE PEDAGOGÍA,
PERO MÁS A MENUDO, EL PROBLEMA VIENE DE CASA

Aunque al crecer van afinando el paladar y saben protestar individual y colectivamente todo lo que convenga, lo normal es que los pequeños encuentren mejor la sopa del parvulario que la de casa. Pero si se les pretende forzar (a veces con métodos particularmente duros, y humillantes), es fácil que reaccionen cerrando la boca a cal y canto. Sin embargo, esto es tan raro como impropio de unos educadores profesionales, y en cambio, no lo es tanto ver que **un niño muy mimado y sobreprotegido manifieste así su** oposición a la disciplina, al trato igualitario y relativamente impersonal, y al menú sin caprichos ni opciones del parvulario.

Contra lo que algunos opinan, no es tarea de la escuela enseñar a comer bien a sus hijos, pero en cualquier caso y **también en el comedor del colegio, deben ser tratados con respeto**: y si no quieren comer, que no coman. Por lo demás, la responsabilidad de los educadores acaba con una nota o un comentario a quien venga a recoger al niño, además, eso sí, de hacer desaparecer del mapa las chucherías y cotidianos pasteles de cumpleaños. Y la de los padres en esas circunstancias, es **no permitirles merendar, cenar o desayunar el doble**, con lo que, más temprano que tarde, comerán normalmente en el colegio.

SIEMPRE COME LO MISMO

En nutrición, la variedad es como la guinda del pastel: si la dieta, además de suficiente y equilibrada, es variada, se aprovechan las propiedades benéficas de todos los alimentos sin sufrir los inconvenientes de los excesos, pues la vitamina que a uno le falta le sobra al otro y si éste lleva algo de lo que no conviene abusar, en aquél no hay ni rastro, de modo que variando se obtiene todo lo bueno con menos riesgo de que nada resulte perjudicial.

No obstante, comer cualquier cosa podría causar más de un disgusto. La prudencia es también en este terreno una virtud, y el interés del niño por descubrir el mundo que le rodea, alimentos incluidos, se ve contrarrestado por una sana tendencia a recelar de las novedades. **Los bebés ya no se muestran demasiado amigos de los cambios, pero alrededor de los dos o tres años, esa actitud se convierte en una auténtica fobia**, que se hace muy ostensible a la hora de comer, cuando, ante un nuevo ingrediente, el niño lo aparta con el tenedor, se lo mira, lo toca, lo olisquea, se lo vuelve a mirar... y lo deja a un lado sin apenas probarlo.

La alimentación requiere un aprendizaje, y esta fase de «neofobia» debe ser tan respetada como el gateo que precede a los primeros pasos. Ciertamente, el objetivo es que vayan comiendo de todo, pero de igual forma que a nadie se le ocurre empujarles para que caminen antes, intentar obligarles a saltarse esa etapa, además de cruel e innecesario, resulta siempre contraproducente.

SI NO SE·LES FUERZA, LA CURIOSIDAD ACABA POR VENCER
SU NATURAL PREVENCIÓN ANTE LO NUEVO

Tal como ya se comentó, **es cuestión de combinar la constancia y la paciencia con unas gotas de picardía.** El simple hecho de ver a los demás disfrutando de un alimento desconocido para él, despertará su curiosidad. Quizá no le guste, pero pronto volverá a probar, especialmente si los padres saben tentarle aplicando el clásico proverbio que recomienda hacerse desear para ser querido, o simplemente se ponen en su lugar, porque, de ser «eso» tan riquísimo como le dicen, ¿a qué viene tanto empeño en hacérselo comer a la fuerza?

Desde luego, la observación y la imitación juegan un papel muy importante en la superación de las fobias, pero también en su aparición, de modo que si un adulto no soporta un determinado alimento y a su hijo le ocurre lo mismo, no es porque las aversiones se hereden a través de la sangre, sino porque el crío no es insensible a los comentarios y a la cara de asco que provoca en su progenitor. Pero, al margen de la coincidencia en una manía concreta, es en la actitud general donde **la coherencia es indispensable**. Aunque cada cual puede gozar de sus propios privilegios, y una política de comparaciones e «igualdad de derechos» entre padres e hijos es tan artificiosa como perjudicial, lo que no se puede es enseñar con una mano lo que la otra niega, y ser menos tolerante con el niño que con nosotros mismos.

Así pues, se trata de **ofrecerle sin prisas, agobios, ni tampoco engaños, pequeñas cantidades del nuevo alimento, preparado de modo que su sabor resulte lo más suave posible,** pero sin enmascararlo ni mezclarlo con su comida preferida, lo cual normalmente sólo sirve para que exhiban su sorprendente habilidad para encontrar la aguja en el pajar y se propongan mantenerse alerta. Y, como antes, si «eso» es bueno, ¿por qué ocultarlo?

De todas formas, **con un poco de tacto, no suele ser difícil conseguir pronto una variedad más que decorosa:** pollo, ternera, merluza, sardinas, huevos, naranjas, plátanos, judías verdes, patatas, lentejas, pan, galletas, arroz, pasta, aceite, leche, derivados... la lista no está nada mal, y, con algunas sustituciones perfectamente admisibles, la mayoría de los niños acepta sin problemas todos esos productos. Siempre se puede pedir más, pero eso tiene ya más que ver con la disciplina y la educación del paladar que con la satisfacción de las necesidades nutritivas.

TIENE MUCHÍSIMAS MANÍAS Y SÓLO COME DE CAPRICHO

Algunas aversiones se inician tras una mala experiencia, relacionada de forma más o menos consciente y certera con el consumo del alimento en cuestión. Pueden, por tanto, ser un mecanismo defensivo y ése es otro argumento para no forzar a los niños. Pero, por descontado, una cosa es respetar esas fobias, y otra muy distinta consentir y someterse a un comportamiento voluble y caprichoso: que algo no les entusiasme, no significa que les repugne, y con un poco de hambre (la mejor salsa conocida), todo sabe bastante mejor. De manera que, en este caso, **el remedio es saber decir no.**

—Sólo quiere patatas y yogur.
—No se lo des.
—Es que entonces no comería nada.
—Y así sólo quiere patatas y yogur.

Si ayer era demasiado el rigor, hoy el exceso es de complacencia. Algunos padres se reconocen incapaces de oponerse a los deseos

de sus hijos. O mejor dicho, se creen incapaces, porque ningún niño diabético logra jamás que le den un caramelo, ni los que padecen intolerancia al gluten consiguen un trozo de pan de los mismos padres que antes decían no poder negarles nada. Y muy pronto dejan de insistir.

Respecto a **las verdaderas aversiones,** cuanto más lo son, más imposible es vencerlas a la fuerza. Y, evidentemente, **no aparecen y desaparecen de un día para otro, ni dependiendo del escenario,** sino que suelen mantenerse invariables a lo largo de la infancia.

—Fruta, poquísima. Sólo la que le dan en el colegio.

—¿Y por qué ahí se la come y en casa no?

—Es que en el colegio no hay capricho que valga.

—Y en casa, sí, claro.

El desinterés por un alimento que antes había consumido sin problemas, (quizá debido a que «lo ha aburrido», es decir, a que ahora le aburre comerlo o pelarlo), no tiene nada que ver con las manías. Y al revés de lo que ocurre con éstas, **lo normal es que el abanico de productos bien aceptados por los niños aumente al hacerse mayorcitos** y no al contrario.

LAS AVERSIONES, ESCASAS Y CONSTANTES, MERECEN RESPETO; LOS CAPRICHOS, ILIMITADOS Y VARIABLES, REQUIEREN DISCIPLINA

La comida no siempre ha de ser una fiesta para los sentidos, y si era absurdo empecinarse en hacerles tragar las ya míticas lentejas frías del día anterior (junto con su orgullo), no lo es menos permitir que los caprichos desequilibren su dieta (y su educación) por no saber imponer una mínima disciplina. Para lo cual no es preciso discutir ni enfadarse, sino sólo cuadrarse, igual que hacen en la escuela.

NO QUIERE NI VER LA LECHE

El alimento exclusivo de los primeros meses de vida, es uno de los más rechazados luego, y en algunas ocasiones, con toda la razón. En efecto, **con el paso de los años, hay personas que van perdiendo la capacidad de digerir la lactosa**, y ese azúcar natural de la leche, al no ser fragmentado y absorbido normalmente en el intestino, se convierte en sustancias capaces de causar una diarrea bastante característica. Pero cuando la intolerancia a la lactosa no es aún tan completa, su fermentación produce abundantes y molestos gases, de modo que sin llegar a padecer diarreas, ya es posible advertir que la leche sienta mal.

Y tanto da que sea entera o desnatada, porque ambas llevan la misma cantidad de lactosa. En cambio, **el yogur y los quesos tienen muy poca,**[1] con lo que esos derivados de la leche son la solución para los niños con intolerancia parcial a la lactosa, que, de no ser así, se verían privados de su más abundante y necesaria fuente de calcio.

LA LECHE PUEDE SER SUSTITUIDA SIN PROBLEMA
POR SUS DERIVADOS

Evidentemente, **también son el remedio para los que, sin tener la menor intolerancia a ninguno de sus componentes, ponen reparos a la leche.** Algunos lo hacen al asociarla a los malos ratos pasados por su culpa, muy en particular a los vómitos con que acaban tantos desayunos apresurados, pero también los hay que empiezan a odiarla sin explicación ni motivo aparente. Y disponiéndose de sustitutos tan similares (aunque más caros), lo lógico es recurrir a ellos mientras el tiempo no resuelva la aversión.

1. En realidad, no es que el yogur contenga menos lactosa, sino que por distintos mecanismos, se digiere mejor. Respecto a los quesos, todos llevan menos lactosa que la leche de la que provienen, porque la mayor parte se queda en el suero, de modo que los muy curados y secos apenas tienen nada.

Un yogur equivale a su mismo volumen de leche, y el queso manchego o de bola, lleva cinco veces más calcio y calorías que ella, de forma que un par de vasitos de yogur, y 50 gramos de queso, pueden reemplazar al clásico medio litro de leche cuando la sustitución ha de ser total. Lo cual es relativamente raro, ya que muy a menudo sólo es rechazada una de las dos tazas preceptivas. Y también **es frecuente que el problema no sea la leche sino el momento**, pues bastantes niños que no la soportan para desayunar la tomarían perfectamente a media mañana (los colegios debieran dar más facilidades) o acompañando la comida y la cena, tal como acostumbran a hacer en otras latitudes.

TAMPOCO LE GUSTAN LOS DERIVADOS

Si tras el rechazo a la leche puede hallarse una intolerancia a la lactosa, cuando el niño tampoco acepta unos derivados que apenas contienen ese azúcar, todavía cabría pensar que los rechazan porque le sientan mal sus proteínas, presentes en todos los productos lácteos, y responsables de las distintas variedades de alergia a la leche de vaca. Sin embargo, lo que ocurre ocasionalmente con la lactosa es la excepción que confirma la norma, y aunque es una creencia tan atractiva como popular, es muy improbable que las fobias alimentarias escondan una alergia o intolerancia, y mucho más que ése sea su único síntoma.

Obviamente, esto no resuelve nada, pues aunque sea una manía sin fundamento y no una inteligente reacción defensiva de su organismo, si un niño se niega a tomar productos lácteos, peligra el suministro del calcio que, hasta los 20 años, sus huesos deben captar y atesorar para toda la vida.

ES PRÁCTICAMENTE IMPOSIBLE QUE UNA DIETA
SIN LECHE NI DERIVADOS CUBRA LAS NECESIDADES
DE CALCIO DE LOS NIÑOS Y ADOLESCENTES

Porque el **calcio está presente en verduras como las espinacas, los berros, el cardo y el brócoli (no la coliflor)** que tampoco suelen entusiasmar precisamente a los niños, y también las ostras, las almejas, los mejillones y otros mariscos de concha, de los que, por distintos motivos, ni se puede ni se debe abusar. Más aceptadas y también con bastante calcio son las legumbres secas, especialmente habas y alubias (más las blancas que las pintas), las aceitunas, las almendras y avellanas, **y sobre todo las sardinas, boquerones y pescados con espinas finas y comestibles** (siendo huesos es lógico que contengan calcio), pero cualquier dieta que pretenda alcanzar todo el calcio que se requiere prescindiendo del concurso de los productos lácteos resultará, además de inaceptable, claramente desequilibrada.

La solución debe adaptarse a cada caso, combinando distintas estrategias más o menos factibles, recomendables y eficaces según las circunstancias. La primera, claro está, **aumentar el consumo de esos alimentos** relativamente ricos en calcio. La segunda, **cocinar con leche** (puré de patata, salsa bechamel, croquetas, canalones...) y **pensar en derivados olvidados** que a lo mejor le encantan (helados...), lo cual, de paso, destroza la teoría del «rechazo inteligente». En tercer lugar, y siempre que su actitud no sea radical y verdaderamente fóbica, **proponer unos mínimos del lácteo que menos le disguste**, cómo y cuándo lo prefiera, renunciando a cambio, no ya a la imposición, sino a la sola presencia en la mesa del más odiado, por lo general, la leche del desayuno. Y finalmente, a la vista de los resultados así obtenidos, el pediatra decidirá si debe **suplementar con un preparado de calcio** la dieta del crío.

ES ALÉRGICO A LA LECHE

La característica más peculiar de las reacciones alérgicas es la enorme desproporción entre dosis y respuesta, que, además, aumenta con la reiteración del contacto. Por eso, una cantidad ínfima de leche de vaca, puede acabar con la vida de un niño alérgico a su proteína, que, evidentemente, **debe evitar no sólo la leche y sus derivados, sino cualquier producto que contenga trazas de ella**. Y aunque la situación no siempre es tan dramática, pues la leche también está implicada en otros trastornos de tipo alérgico menos graves, el término «alergia» debe sugerir siempre las palabras «nunca» y «nada», es decir, ni siquiera «un poquito por ver que tal le sienta», en tanto el pediatra no diga lo contrario.

LA ADECUADA NUTRICIÓN DE LOS NIÑOS ALÉRGICOS
A LA LECHE DE VACA REQUIERE EL USO DE LECHES ESPECIALES
O DE SUPLEMENTOS DE CALCIO

En su inmensa mayoría, estas alergias se manifiestan en cuanto el niño recibe su primer o segundo biberón, o al menos, durante el período de la lactancia, y obligan a utilizar leches especiales, por ejemplo, de soja, convenientemente manipuladas para simular la leche materna. Si al hacerse mayores persiste el problema (lo cual es relativamente raro), suele ser más práctico (y económico) no darles ningún tipo de leche y aportarles un suplemento de calcio por medio de un preparado farmacéutico. Aunque, tratándose de enfermedades, todo esto pertenece al dominio exclusivo del pediatra.

TIENE INTOLERANCIA A LA LACTOSA

Prescindiendo de una muy poco frecuente variedad congénita, en la que el bebé nace absolutamente incapaz de digerir la lactosa y sufre unas aparatosas diarreas tan pronto empieza a tomar el pecho o el biberón, hay dos formas de intolerancia a ese azúcar bastante comunes: la ya aludida antes, muchas veces familiar, debida a la disminución espontánea del fermento intestinal encargado de la fragmentación de la lactosa, y la más corriente de todas, transitoria, consecuencia de la lesión que el intestino sufre durante algunas infecciones agudas.

En ambos casos, la intensidad de los trastornos que causa la lactosa (básicamente molestias abdominales y diarreas líquidas) dependerá de la cantidad que llegue al intestino y del grado en que éste haya perdido la capacidad de digerirla, pues es la lactosa sobrante, que al no haber sido fragmentada no puede absorberse, quien da lugar a todos los síntomas. En definitiva, **la intolerancia a la lactosa puede ser más o menos parcial o completa,** y lo más habitual es que los lácteos como el queso y el yogur, que contienen muy poca, no causen trastornos.

CUANDO LA INTOLERANCIA A LA LACTOSA NO ES COMPLETA, PUEDEN TOMAR YOGUR Y QUESOS

Por descontado, hay casos en los que es preciso ser más estricto, eliminando de la dieta, no sólo todos los lácteos, sino también otros alimentos que contienen pequeñísimas cantidades de lactosa y vigilando incluso los jarabes, en muchos de los cuales es utilizada como excipiente. Pero, en general, esta intolerancia **no complica la nutrición del niño que la padece** porque se dispone de leches sin lactosa, y sobre todo, **porque casi siempre es transitoria y/o parcial**.

NO PRUEBA LA FRUTA... LA VERDURA... LAS LEGUMBRES... LA CARNE... EL PESCADO... LOS HUEVOS...

Dando por supuesto que lo más saludable es comer de todo, y que si la dieta ha de ser equilibrada, también la educación requiere un equilibrio entre tolerancia y disciplina, en este cuadro se resumen los problemas que el rechazo de un determinado grupo de alimentos puede ocasionar y la forma de evitarlos.

Alimento rechazado	Lo que se pierde	El remedio
Fruta	Fibra	Verdura, ensaladas, legumbres
	Vitaminas	Suplemento farmacéutico
Verdura	Fibra	Frutas, ensaladas, legumbres
Legumbres	Son buenísimas	Hacerse mayor
Carne	Proteínas Hierro	Pescado Legumbres
Pescado	Proteínas Yodo	Pollo y carnes blancas Sal yodada
Huevos	Comodidad para los padres	Paciencia

SE ETERNIZA. Y HACE BOLA

A pesar de tener buen apetito, algunos niños necesitan bastante tiempo para comer, y lo hacen con una parsimonia que debe ser respetada. Sin prisa, pero sin pausa, a menudo no es que ellos se lo tomen con calma, sino que los demás van a toda velocidad, y de hecho, **puede considerarse razonable emplear hasta tres cuartos de hora en la mesa.**

Sin embargo, a veces comen real y desesperantemente despacio (sin prisas pero, además, con muchas pausas), quizá porque un mal día se dieron cuenta de que ésa era **la forma de convertirse en centro de atención permanente,** logrando que nadie hablara de otra cosa en la mesa. También es posible que la lentitud sea **un intento de retrasar la vuelta al colegio,** o una de las manifestaciones de **una falta de ánimo general,** pero, por encima de todo, si tanto se eternizan es porque **se les pretende hacer comer cuando (ya) no tienen hambre.** Y sin ganas, lo mejor es dejarlo (y dejarles) correr.

SI COMEN CON DESGANA, MÁS VALE RETIRARLES EL PLATO

O hacerles esa oferta, que a lo mejor despierta milagrosamente su apetito, sobre todo si son de los que se entretienen por hacerse rogar, y aceptarla les supone quedarse sin protagonismo y a dos velas.

Mención especial merece la famosa «bola» que tantos niños hacen con la carne, masticándola y dándole vueltas y más vueltas en la boca hasta dejarla convertida en un amasijo totalmente insípido (en el que permanecen, sin embargo, todas sus proteínas), cuyo volumen se incrementa progresiva y fatalmente por la incorporación de nuevos trozos de carne, igualmente masticados y exprimidos, pero jamás tragados. Porque de eso se trata: no tragar, resistir a toda costa. Sin que nadie se lo enseñe, uno tras otro, **afirman su personalidad con ese genial recurso que es «hacer bola».** Nadie puede acusarles de no esforzarse, pues no paran de masticar y masticar, pero es que la bola no quiere pasar por el tubo (y ellos tampoco). En cambio, sacan todo el sabor y el jugo que les apetece, dejando que las proteínas, de las que seguramente están sobrados, se queden en la cada vez más inmensa pelota, gracias a la cual incluso llegan a hacerse famosos en el vecindario.

El peligro de esta monumental demostración de habilidad estratégica, es que el crío acabe teniendo verdaderas dificultades para deglutir, como le ocurriría a cualquiera que se parase a pensar en los pasos que debe dar para lograrlo, de modo que más vale procurar que no llegue a identificarse con el personaje, y pasar al postre en cuanto empiece a marear la carne, antes de que ni siquiera se entere de que a eso se le llama hacer bola.

HAY QUE ESTAR ENCIMA DE ÉL

«Acaba comiendo, pero hay que estar encima de él.» Aunque ya ha sido comentado en el capítulo dedicado a los métodos que no sirven para nada bueno, si hay un error cuya frecuencia justifica la reiteración, es el que se resume en esa frase. Tras ella, se hallan mil pequeñas batallas cotidianas, más o menos trágicas según lo que en cada caso signifique el ya de por sí expresivo «estar encima», pero siempre absurdas, porque el niño nunca «acaba comiendo» gracias a eso, por mucho que parezca o se quiera creer lo contrario.

PRESIONADOS O NO, NUNCA
COMEN MÁS DE LO QUE QUIEREN

Con una mínima experiencia, cualquiera sabe que cuando de verdad no quieren comer, no comen. Y para comprobar hasta qué punto se está perdiendo inútilmente el tiempo, sólo **es preciso dejar de «estar encima» del niño durante un par de días seguidos** y hacer balance. El resultado puede producir un fuerte sentimiento de frustración, pero es siempre liberador.

TODO HA DE SER TRITURADO

Asunto igualmente ya tratado y sobre el que aún se volverá al hablar de prevención. Lo que sigue, casi telegráfico, son algunas reflexiones complementarias.

• A muchos adultos tampoco les gusta encontrarse con trocitos de lo que sea cuando están tomando un puré. Y los apartan hasta el borde del plato exactamente igual que hacen los niños.

• La textura, que también es una propiedad de los alimentos, es tan capaz de repugnar como el mismo sabor o incluso más (y por eso es mejor no poner ejemplos).

• En la misma medida en que el rechazo a una determinada textura sea una manía, debe ser afrontado como ellas: con calma, constancia y un poco de astucia, pero sin engaños ni coacciones.

- La frecuente preocupación por el niño que no quiere masticar, se vuelve rarísima a partir de los dos años. Y lo único que se ha requerido es dejar pasar el tiempo.

- Cuando ya mordisquean trozos de pan o fruta y comen normalmente el pescado o la tortilla francesa, por ejemplo, tampoco es problema que sólo acepten las verduras en puré. Mientras los dientes vayan trabajando algo, no hay prisa, y muchas veces, en el parvulario acaban de acostumbrarse a comer entero.

- Si hiciera falta, y **teniendo la edad suficiente, el hambre les enseñaría a masticar instantáneamente.**

- Triturar un alimento quizá hará que lo acepten en mayor cantidad y, además, siempre les aprovechará más así que masticado a medias, pero no sólo de pan vive el hombre.

- Recurriendo a la batidora (o incluso al biberón) para que acepten lo que no han querido entero, puede lograrse que reciban más calorías, aunque también menos educación de la que necesitan.

- El pecho no se separa nunca de la madre, y cuando un niño ya puede tomarse él solo el biberón, también es capaz de beber de un vaso. Pero, sea cual sea su edad, emplearlo para darle papillas, es una mala costumbre.

- En principio, hacer desaparecer el biberón resolvería de un día para otro el problema, y ésa es muchas veces la mejor solución. Sin embargo, cuando lo usan hasta para las papillas y purés, es más razonable ir por pasos, empezando por destinarlo exclusivamente a la leche.

TIENE DÍAS

Sin estar enfermo, sin problemas con el menú ni atracones intempestivos, sin explicación ni motivo aparente, el niño tiene días de todo, o mejor dicho, horas, pues hoy deja la cena casi intacta después de haber comido perfectamente a mediodía, y mañana hará lo contrario.

—Y no me lo explico. De repente, un día se levanta diciendo que hoy no va a comer nada, y no hay tu tía: se acuesta sin haber probado bocado.

—¿Nada de nada?

—Al principio aún tomaba un poco de leche y algún zumo, pero lo que es ahora, ni eso. Y no puede ser bueno.

—Si tan drástica es... ¿Y por la noche, no está desmayada?

—Se va antes a la cama. Yo diría que se muere de hambre y que sólo aguanta por amor propio. Es como si no pudiera traicionar la palabra que ha dado por la mañana.

—Algo así debe ser. Menuda hija tienes.

—Sí, pero ¿qué hago?

—Poco caso y nada de publicidad, no sea que le dé por repetir el número más a menudo.

—Es teatro, ¿verdad?

—Es una forma de afirmarse, y cuando lo hacen con métodos poco recomendables, es mejor no darles cuerda y ni siquiera mencionar el asunto. O si acaso, sólo para tomárselo un poco a broma.

—Vaya cosas que tienen los niños.

—Sí, los niños y los no tan niños.

El protagonismo es un valor que explica muchos comportamientos, y sin llegar tan lejos como en esta historia (también auténtica), el variable apetito de algunos pequeños puede tener que ver con el deseo de hacerse notar, y, en todo caso, **es una actitud caprichosa** propia de quien se sabe con las espaldas cubiertas.

NO PERMITIÉNDOLES EXCESOS, LA IRREGULARIDAD SERÁ AÚN MÁS INOFENSIVA Y PASAJERA

En general, son más peligrosos los excesos que un poco de ayuno voluntario, y evitar que el niño se ponga las botas después de haber dejado sin tocar la comida anterior, será tan bueno para su estómago como para su educación.

TIENE TEMPORADAS

Afirmación propia de padres con una cierta experiencia, ya curados de espantos, resignados o incluso indiferentes ante **un hecho tan normal como que en las carreteras haya subidas y bajadas,** y que eso repercuta en el consumo de los vehículos. Porque nadie nace enseñado, y es natural alarmarse la primera vez que se inicia una temporada de vacas flacas.

—Es que nunca había dado ni un problema, y ahora todo se le queda frío en el plato. Los quesitos, que la volvían loca...
—Medio litro de leche, 50 gramos de carne, 50 de pescado...
—Ya, ya, ya recuerdo la lista: de sobras, pero antes comía el doble.
—Claro. Y ¿está más o menos igual de contenta y activa que siempre?
—Sí, sí. En eso no ha cambiado.
—Pues, de momento, aprobado para la niña, pero tú tendrás que volver en septiembre, porque te conviene repasar el capítulo 2.

Quizá porque estaban comiendo demasiado, quizá porque entran en una fase de menores necesidades, quizá porque descubren que cerrando la boca dominan la situación, o, lo más probable, por un poco de todo, el hecho es que todos los niños pasan temporadas de menos apetito, y no sólo no se les debe presionar de ninguna forma, sino que, en ausencia de otros signos de alarma, ni siquiera hay motivo para inquietarse.

SI EL CRECIMIENTO Y EL CONSUMO
DE ENERGÍA SON VARIABLES, ES LÓGICO
QUE TAMBIÉN LO SEA EL APETITO

Cuando, atravesando uno de esos períodos en los que se les debe frenar en la mesa, se comprueba que un chiquillo crece y gana peso satisfactoriamente, parece lógico atribuirlo a lo bien que come, de igual forma que, si los números han sido poco brillantes y el apetito escaso, se culpa a este último del pobre resultado. Sin embargo, tan cierto es que un automóvil va más rápido cuando llega más gasolina a su motor, como que para ir más rápido exige más gasolina. Y lo que determina ambas cosas, es la decisión del piloto al apretar el acelerador, exactamente igual que **es la naturaleza del niño quien decide cuánto y cuándo debe engordar y crecer, pisando el pedal de su apetito.**

Aceptar esto puede suponer otra pequeña frustración, pero poner las cosas en su lugar siempre acaba valiendo la pena. Entre otras cosas, será un alivio cuando lleguen las vacas flacas.

SE PONE ENFERMO Y PIERDE EL APETITO CADA DOS POR TRES

Hay una cierta tendencia a exagerar la influencia de las enfermedades sobre el apetito de los críos, y hasta ellos mismos pueden escudarse en sus mocos, inventarse molestias en la garganta o padecer sospechosos dolores de barriga que sólo aparecen al sentarse en la mesa, para lograr que les dejen tranquilos. Incluso la naturaleza parece haber acudido en su ayuda, al hacer que muchos tengan unas amígdalas enormes, que, a pesar de tocarse, se abren como las puertas y jamás les impide tragar, pero gracias a las que sus padres se muestran comprensivos cuando hacen «bola», porque «lo raro es que pase nada por ahí».

No obstante, y dando ya por sentado que es natural e inofensivo perder el apetito mientras se está pasando un catarro o unas anginas, y que las infecciones no se curan a base de comer, es verdad que su excesiva frecuencia puede llegar a alterar el estado nutritivo de los niños. Y más de uno sufre un «año trágico» (que, nada casualmente, suele coincidir con el de su entrada en la guardería o parvulario) durante el cual «si no es una cosa, es otra», pero cada quince días (y algunos padres ya firmarían) le han de llevar al pediatra porque tiene mocos, tos, dolor de oídos, diarrea, fiebre, o hasta un poco de todo (de verdad) y, además, «no come nada» (casi de verdad).

Catarros de vías altas, amigdalitis, otitis, gastroenteritis, y otras «itis» varias, son para bastantes pequeños el pan nuestro de cada día, o, por no exagerar, el de semana sí, semana no. Y lo que es peor, casi el único pan, porque realmente, **pierden mucho el apetito: por el hecho de estar enfermos, por los mocos** que inutilizan el sentido del olfato y dan a todo el gusto de la estopa, **por el uso de mucolíticos** que se eliminan por la saliva dando un desagradable sabor metálico, **o de antibióticos** que fácilmente irritan el estómago y alteran la flora intestinal... Pero es que, **además de comer poco**, es proverbial la facilidad con que los niños **vomitan**, no ya cuando el mal está en el estómago o tras unos golpes de tos, sino sólo por tener fiebre o no encontrarse bien.

Desde luego, lo que tampoco aquí sirve de nada es forzarles, y en no pocas ocasiones, la falta de respeto al rechazo del niño complica la evolución de la enfermedad que lo había causado. Así, algunas gastritis que sólo se manifiestan por una pérdida de apetito, gracias a la cual el estómago descansa y cura espontáneamente en uno o dos días, pueden ocasionar vómitos y/o tardar más en resolverse cuando se le hace trabajar, desoyendo un síntoma que pretendía protegerlo.

El uso juicioso de los **antitérmicos**, tratando al niño y no al termómetro, los **lavados nasales con suero fisiológico**, especialmente necesarios mientras no sepan sonarse adecuadamente, y tener presente que el mejor mucolítico es el **agua** y que el **yogur** compensa alguno de los efectos negativos de los antibióticos, puede ayudar a que no pierdan tanto el hambre. **Tomar líquidos azucarados** (infusiones, zumos o simplemente agua con azúcar) y **comer poco y a menudo** siguiendo una dieta más rica en **hidratos de carbono** y pobre en grasas durante la fase aguda de las enfermedades, también servirá para evitar algunos vómitos. Con todo, es posible que el pediatra recomiende un suplemento de **vitaminas y minerales,** además, claro está, de tratar adecuadamente y prevenir dentro de lo posible esas enfermedades.

EL PEDIATRA DEBE SUPERVISAR SIEMPRE SU NUTRICIÓN
Y CON MAYOR MOTIVO CUANDO PUEDE VERSE AFECTADA
POR ENFERMEDADES CUYA PREVENCIÓN Y TRATAMIENTO
TAMBIÉN SON DE SU COMPETENCIA

Respecto a esto último, entre los niños que realmente enferman más de lo razonable, es relativamente raro encontrar «falta de defensas» y en cambio, es más común que falten medidas de higiene básicas o que sobre humo de tabaco. Tampoco es frecuente que su mayor vulnerabilidad sea debida a una carencia nutritiva y, sin embargo, puede estar indirectamente relacionada con la alimentación, pues, por mecanismos nada esotéricos, el estado de ánimo influye en el rendimiento del sistema defensivo: y la comida es la pesadilla de muchos niños.

SE LE COMEN LOS CELOS

Esta acertadísima expresión popular, refleja perfectamente lo que sucede **cuando los celos obsesionan o deprimen tanto,** que no dejan lugar ni ánimo para nada, ni siquiera para comer. En estados tan extremos, afortunadamente poco habituales, **suele ser necesario recurrir a la ayuda de un especialista,** y la pérdida de apetito, aun pudiendo ser muy seria, no es lo más preocupante.

Menos grave y mucho más corriente es que los niños traten de recuperar el protagonismo perdido o demuestren su enfado por la presencia de un rival (o por cualquier cosa que les incomode), negándose a comer. Pero, independientemente de cuál sea la causa, si actúan así es porque han llegado a creer que no se alimentan por satisfacer sus necesidades, sino las de sus padres. Y tienen parte de razón.

LO ABSURDO NO ES QUE BUSQUEN PROTAGONISMO
O CASTIGUEN A SUS PADRES COMIENDO MAL,
SINO QUE LO LOGREN

Son los adultos quienes están confundidos, y no ellos, que, al mercadear con la comida, sólo aplican lo que se les ha enseñado dándoles palmadas de felicitación o de castigo por algo que no merece ni las unas ni las otras. Y **el remedio es evidente.**

—Es que ya no son los celos. En cuanto se enfada por lo que sea, me lo hace pagar a la hora de comer.

—El perjudicado será él, y no tú. Tienes que pasar, y no dejar que eso te torture.

—Ya. Ý luego me tortura la abuela.

—Apaga la radio, y escúchate a ti misma. Mira a tu hijo. ¿Tiene buen aspecto? Pues, si no quiere comer, ajo y agua. Y sin enfadarse, ni con la abuela ni con él.

Naturalmente, con esto no se resuelve el problema de los celos, también más fácil de prevenir que de curar[1] aunque evitar chantajes (el de la comida es sólo uno de ellos) ya es un buen punto de partida: sólo falta añadir un poco de comprensión, mucha calma y las consabidas gotas de astucia.

---

1. Nota del editor: Del mismo autor, y también en esta colección *Mis primeros 100 días* responde a todas las preguntas que se hacen los padres de un recién nacido, incluyendo las relativas a los celos del hermanito.

NO PESA LO QUE LE TOCA

Una sola idea para acabar respondiendo a esta inquietud, ya analizada extensamente en la primera parte del libro.

NINGÚN NÚMERO REFLEJA LA SALUD DEL NIÑO
MEJOR QUE SU MIRADA

El peso es sólo un número, y sólo uno de los muchos que se utilizan para valorar el estado nutritivo de una persona, que, a su vez, es uno, y sólo uno de los elementos que reflejan y condicionan su salud, la cual, en última instancia, le permite gozar de la vida. Y si padres e hijos estamos en ese mismo empeño, ¿por qué amargárnosla por un número?

MÁS VALE PREVENIR: MOMENTOS CRÍTICOS

Los problemas con la comida de los niños no escapan a la regla general según la cual es más fácil prevenir que curar. Y empezar con buen pie es especialmente importante. Muchos chiquillos comen siempre estupendamente gracias a que unas primeras experiencias satisfactorias marcaron el buen camino. Sea porque el bebé ya «es de comer» y «todo le gusta», o porque los padres tienen las ideas claras, el hecho es que, si no se les presiona, lo natural es que vayan consolidando una actitud positiva hacia la alimentación. Y si sacar buenas notas anima a seguir estudiando, con la comida (y con casi todo) ocurre algo semejante.

Por el contrario, de igual forma que empujar a quien está aprendiendo a dar sus primeros pasos, es la mejor forma de lograr que tarde más en soltarse, la «anorexia simple» de los pequeños puede entenderse como un trastorno de aprendizaje de los hábitos alimentarios motivado por una falta de respeto a su propio ritmo de desarrollo. Y hay momentos críticos, en los que la actitud de los padres resulta determinante.

LOS PRIMEROS MESES

• Si en alguna época de la vida, al comer se comparte y recibe mucho más que unos alimentos, es durante la lactancia. Sea natural o artificial, y aunque los primeros días no sean siempre un camino de rosas ni un paseo triunfal, **siempre debe intentarse que las tomas resulten gratificantes para ambas partes.**

- Hacer esperar a un bebé que tiene hambre o pelearse con él intentando que coma sólo porque la aguja de un reloj lo diga, no es, entre otras muchas cosas, la mejor forma de tratar a un recién llegado. Especialmente con el pecho, pero también con biberón, **el horario ha de ser flexible.**

- La alimentación a demanda es la más racional y satisfactoria. Sin embargo, en tanto no recuperen el peso de nacimiento y demuestren que tienen suficientes energías para exigir todo lo que necesitan, es mejor ofrecerles cada tres horas, si es que no han pedido antes. Los primeros días son de tanteo, puesta a punto, reconocimiento y adaptación mutua, de modo que, **al principio, algunos incluso deben ser animados y estimulados a comer. (No hay regla sin excepción.)**

- Más adelante, también es aceptable despertar al niño para darle la toma por razones estratégicas (por ejemplo, hacerlo a las doce de la noche para evitar que la reclame a las cuatro de la madrugada), y siempre que el pediatra así lo indique, pero por lo demás, **la norma general es esperar a que el hambre les despierte.**

- Ignorar la cantidad que han mamado no es un inconveniente sino una de las ventajas de la lactancia materna, porque así nadie se angustia ni intenta presionarles si un día comen algo menos. Y con los biberones, **lo que el pediatra indicará no es la cantidad que deben tomar, sino la que se les debe ofrecer.**

- La cantidad de leche que necesitan depende más de su peso que de su edad, pero lo que pone en los botes, viene por meses, y en bastantes casos está calculado pensando en los más grandotes. Y aunque en el envase se indica siempre que el pediatra tiene la última palabra, **estando sano, es el niño quien mejor sabe cuánto necesita.**

- En vez de practicar aquello de «venga, que ya sólo queda este poquito», **hay que procurar quitarles el biberón en cuanto se vea que empiezan a chupar sin ilusión.**

- Una toma breve no es lo mismo que una toma escasa, y tampoco siempre deben comer lo mismo. En cualquier caso, intentar forzarles sólo sirve para hacerles llorar, y **mamando o con biberón, cuando dicen basta debe ser basta.**

- El peso, igual que el resultado de un análisis de sangre, tiene unos márgenes de normalidad relativamente amplios y es un dato que debe ser valorado e interpretado por el pediatra. Se le ha de avisar si las cifras no parecen muy brillantes, pero no hay que estar más pendiente de la báscula que del niño, pues **más importante que el peso, es su aspecto y comportamiento.**

- La ansiedad por el peso, además de motivar innecesarios abandonos de la lactancia materna, es la responsable de los primeros y traumáticos intentos de obligarles a comer a la fuerza, que dejan en muchos una huella indeleble. **Si parece que gana poco, consultar con el pediatra todas las veces que sea necesario, pero jamás forzarle.**

- A pesar de lo extendida y arraigada que está la idea contraria, espesar el biberón de leche con harina de cereales, no les hace aguantar más por la noche, y para cuando necesitan cereales, ya pueden y deben tomarlos con cuchara: **el biberón, que en definitiva es un sustituto del pecho materno, debe reservarse para darles leche.**

- En realidad, el error más habitual de los primeros meses es solucionar cualquier frustración del niño dándole de comer, «ahogando» su llanto con la leche, y convirtiendo el pecho o el biberón en un chupete. Y **es probable que algunos adultos sean obesos porque de muy pequeños ya aprendieron a calmar su ansiedad comiendo.**

LAS PRIMERAS PAPILLAS

- Antes de los cuatro o cinco meses, ni el bebé necesita papillas, ni está suficientemente maduro para tomarlas y asimilarlas bien. Y se corre el riesgo de cebarle, empezando ya a convertir el placer en tortura, pues **mientras no sea capaz de retirar la cabeza y rechazar así la cuchara, es relativamente fácil darle de comer a la fuerza (y «taparle la boca») con ella.**

- Entre los cuatro y los seis meses, el pediatra propondrá enseñarle a comer con cuchara, ofreciéndole pequeñas cantidades de zumo de fruta, o quizá una papilla de cereales. Y teniendo en cuenta que la leche puede cubrir todas sus necesidades hasta los seis meses, **cuanto antes se empiece, menos prisa hay.**

- Ante la primera papilla, el niño se encuentra con un nuevo sabor, una nueva consistencia, y sobre todo, una nueva forma de comer. Acostumbrado a exprimir, chupar y tragar casi en un solo movimiento, ahora debe recoger porciones de alimento desde un extraño objeto duro y trasladarlos con la lengua hasta el fondo de la garganta. Son muchas cosas, y aunque algunos aprenden muy deprisa y todo les gusta, lo lógico es **ir poco a poco.**

- Para los bebés, chupar es una necesidad, y ése es otro de los motivos por los que **el paso del pecho o el biberón a la cuchara debe ser paulatino.**

- La papilla de cereales con leche es bien aceptada por la mayoría, y casi siempre se recomienda acostumbrarles a la cuchara con ella. No obstante, si a un bebé no le entusiasma, y salvo que el pediatra indique lo contrario por alguna circunstancia especial, **no hay inconveniente en empezar por la papilla de frutas o la de verduras en vez de hacerlo por la de cereales.**

- Dependiendo de la reacción de cada niño, se puede ir más o menos rápido, pero es preferible **darles a probar los nuevos ali-**

mentos en pequeñas porciones, suaves de textura y gusto, aumentando progresivamente la cantidad, la consistencia y la fuerza de su sabor.

- Está muy bien animarles a tomar una segunda cucharilla a pesar de su gesto de extrañeza o de asco, pero no se debe insistir (el mismo día) cuando es repugnancia lo que manifiestan, y por descontado, **jamás se les ha de hacer llorar intentando que coman lo que no quieren.**

- Si tienen dificultades con una papilla, es mejor retroceder y hacerla más clara. En el caso de los cereales, añadiendo menos medidas a la leche; si es la de fruta, además de escoger la más dulce y madura, prepararla más líquida y probar con frutas distintas, y si el problema es con el puré de verduras, volver a hacer un caldo muy suave y con pocos ingredientes. En cambio, **tratar de enmascarar el sabor de lo que rechazan mezclándolo con leche o cualquier otra cosa que les guste, no suele dar resultado.**

- La leche puede tomarse antes, con, o después de cualquier otro alimento, de modo que **mientras se les va aumentando día a día la nueva papilla y hasta que no se queden satisfechos con ella, la toma se completará con un poco de pecho o biberón.**

- Dándoles papillas en biberón, es probable que acaben antes y tomen más cantidad, lo cual quizá agrade a sus padres, pero lo que a ellos les conviene es ir aprendiendo y haciéndose mayores: una vez más, **en biberón, sólo leche.**

- Aunque a los seis meses deben tomar tres papillas diarias (cereales, fruta, y patatas con verdura y pollo o ternera), es normal que se subleven ante el tamaño de los platos que a veces se les pone, y atendiendo al significado del nombre con que se conoce a su colectivo, **nunca puede olvidarse que el alimento básico de los lactantes es la leche.**

LOS PRIMEROS DIENTES

- Es cierto que los primeros dientes les sirven de poco, pero, coincidiendo con su salida, **alrededor de los siete meses, empiezan a hacer movimientos de masticación y es bueno ofrecerles alimentos que puedan chupar y mascar.**

- El mismo bebé que no soporta encontrar un grumo en el puré, probablemente aceptará encantado **una corteza de pan, una galleta, un poco de fruta madura o un trocito de pescado.**

- Antes del año, si están bien hervidas, ya suelen tomar muy bien las patatas con verdura chafadas con el tenedor. **A medida que van creciendo, se debe sustituir la batidora por el rallador, y éste por los cubiertos de mesa, cambiando progresivamente hacia texturas más gruesas.**

- La erupción de los dientes, además de no dar nunca fiebre, les molesta bastante menos de lo que se suele creer.[1] Sin embargo, a veces brotan varios a la vez y **si el niño tiene las encías hinchadas y doloridas, no es el mejor momento para darle cosas que deba masticar.**

- El espíritu de imitación y la curiosidad, hacen que inevitablemente traten de probar lo que come el vecino. **«Consentir» que piquen cada día un poco más del plato de los mayores es la forma más natural de que vayan pasando del puré y la cuchara a la comida troceada y al tenedor.**

- Con veinte piezas dentarias ya pueden alimentarse como los adultos y, por tanto, **a los dos años deben comer lo mismo que toda la familia.**

1. La dentición no causa fiebre, sino que es la fiebre (habitualmente debida a un proceso infeccioso más o menos leve y capaz de curar por sí solo) la que acelera el crecimiento y puede hacer brotar un diente que ya estaba a punto. Respecto al dolor, algunos bebés están realmente más irritables, pero llevarse las manos a la boca no significa que les duela, y curiosamente, cuando ya pueden hablar y decir lo que les molesta, les salen diez o doce piezas sin que nadie se entere apenas.

- Por más que así tomen más cantidad, **acabar triturando lo que no han querido entero, sólo sirve para que engorden demasiado y no aprendan a comer debidamente.**

LAS PRIMERAS INICIATIVAS

- Nada más nacer ya buscan el pecho de forma refleja y al medio año expresan el deseo de comer echándose hacia delante con la boca abierta, y pueden también coger y llevarse un alimento a la boca. Sin embargo, la primera manifestación de auténtica autonomía (que siempre conviene fomentar) aparece cuando, **a los nueve meses, son capaces de comerse solos una galleta.**

- Aunque no la manejan bien hasta los dieciocho meses y durante la fase de aprendizaje se pongan y pongan todo perdido, **a partir del año se les debe permitir y estimular a que utilicen la cuchara.**

- Al principio emplean a la vez la cuchara y la mano. No son rápidos ni limpios, pero **dejándoles que se valgan por sí mismos aprenden a comer y a disfrutar de la comida.**

- Cuando empiezan a comer solos, muchos niños se entretienen jugando con la comida, lo cual suele ser interpretado erróneamente como signo de poco apetito. Ese comportamiento es normal y **no se les debe obligar a «ir al grano» ni a comer apresuradamente.**

- No respetar el desarrollo de los hábitos alimentarios del niño haciendo de cada comida una batalla, es garantizarse la persistencia del problema que la ha motivado, porque, **aprender a alimentarse requiere una maduración física pero también afectiva.**

LOS PRIMEROS «NO QUIERO»

- La disminución de las necesidades energéticas del niño debida a la progresiva desaceleración de su ritmo de crecimiento es la principal razón de que, alrededor de los doce meses de vida, muchos sorprendan a sus padres con un primer rechazo. Momento crítico donde los haya, es ésta la primera ocasión de aplicar una norma básica que convendrá tener siempre presente: **si comen menos, pero se les ve igual de bien, no hay motivo para alarmarse. Y desde luego, no forzarles jamás.**

- Los críos pueden ejercitar el «no» para afirmar su individualidad, y cuando aprenden a comer solos encuentran otra buena ocasión para hacerlo. Pasar un poco de hambre les escarmentará pronto, salvo que se declare la guerra y el asunto se convierta en una cuestión de honor. Y **teniendo ellos siempre las de ganar, ya sería un motivo más que suficiente para no forzarles jamás.**

- Tampoco es raro que el no querer comer sea el primer síntoma de una enfermedad, y respetando la negativa del chiquillo, además de seguir por el buen camino, tanto en la salud como en la enfermedad, quizá se está contribuyendo a su curación. Lo contrario, no es que sea muy grave, pero causa más de un sonrojo, cuando el pediatra descubre unas dolorosas anginas que le hacían imposible tragar o diagnostica gastroenteritis y recomienda la dieta que el pobre ya habría seguido si le hubieran dejado. Con las tristes excepciones que cualquiera puede deducir, **las enfermedades no se curan comiendo y, en cambio, un poco de ayuno es a veces muy conveniente, de modo que, por si acaso, mejor no forzarles jamás.**

- Los seres humanos nacemos con una predisposición positiva hacia los sabores dulces y una aversión por los amargos, que, más o menos matizada por la experiencia persiste a lo largo de la vida (o, al menos, seguimos utilizando las palabras «dulce» y «amargo» en ese mismo sentido). Aunque no todos los venenos son amargos, ni todo lo que sabe mal es perjudicial, esta característica innata tiene una evidente función defensiva y es tan sana como el rechazo que los pequeños muestran hacia los sabores desconocidos, gracias al que pueden evitar más de una intoxicación. En cualquier caso, **comer con repugnancia es una tor-**

tura, y ningún niño ha aprendido nunca a apreciar un plato por obligación (ninguno, y nunca) sino todo lo contrario. Y basta con imaginar lo que sienten, poniéndose en su lugar, para NO FORZARLES JAMÁS.

ÚLTIMAS REFLEXIONES: PARA DEJAR BUEN SABOR DE BOCA

Hasta hace no demasiado, y por bien que comiera el niño, bastantes madres nunca abandonaban la consulta del pediatra sin lamentarse de lo escaso de su apetito, tratando de obtener con tal engaño una receta de las vitaminas que entonces se consideraban casi una panacea. Y aunque mucho menos que antes, aún las hay que siguen quejándose por pura rutina de que su hijo, delgado, normal o incluso gordito, no come suficiente, por más que la cuestión haya quedado aparentemente zanjada una docena de veces.

Pero, otras veces, son madres ya expertas y de vuelta de estos problemas, las que reconocen seguir viviendo un conflicto entre razón e instinto. El niño está sano y se alimenta razonablemente bien, ellas comparten plenamente la opinión del pediatra sobre este asunto, y no obstante, no pueden evitar un mohín de disgusto al ver las costillas del hijo (o las del riquísimo cordero que ha dejado a medias en el plato), ni un gesto de impaciencia si le ven comer con cierta languidez. «¿Seguro que no quieres más?» «Venga, que te ayudo un poco» «Si acabas pronto, podremos mirar juntos el cuento nuevo...» A pesar de haberla cuestionado, no es ésta la actitud que se ha tratado de combatir aquí. Las madres se han preocupado y se seguirán preocupando toda la vida por la alimentación de sus hijos, y a los cincuenta años, más de uno recibe aún llamadas telefónicas interesándose por el estado actual de su apetito. ¿Es esto malo? Obviamente, no; lo malo es someterse a la tiranía del instinto y sufrir y hacer sufrir sin motivo, perdiendo triste e inútilmente la vida. Por lo demás, cada cual es como es, y cada uno es hijo de su madre y de su padre. (Y nieto de sus abuelas, a las que tampoco se puede ni debe pedir imposibles.)

Los niños son una escuela viva para los padres, que se descubren en ellos al criarles, aprendiendo al enseñarles y educándose al educarles. Ésta es una labor compleja, pero no difícil, pues, para bien y para mal, ellos no aprenden escuchando consejos, sino viendo y sintiendo lo que realmente creen y son sus mayores. Y es tan difícil imaginar una madre despreocupada por la alimentación de su hijo, como defender que el niño no va a percibir el afecto que hay tras su interés, aunque a veces sea un poco excesivo.

Viva, pues, y disfrute de su vida y de la de sus hijos. Es lo máximo que podemos hacer, por ellos y por nosotros. Y buen provecho.